LOCUS

LOCUS

LOCUS

LOCUS

Smile, please

Smile 183 **自癒——做自己最好的醫生** 〔2022增訂版〕

作者：鍾灼輝
責任編輯：冼懿穎、趙曼孜（三版）
封面設計：王慧傑
美術編輯：Beatniks、薛美惠
校對：簡淑媛
法律顧問：董安丹律師、顧慕堯律師
出版者：大塊文化出版股份有限公司
台北市105022南京東路四段25號11樓
www.locuspublishing.com
讀者服務專線：0800-006689
TEL：886-2-87123898 FAX：886-2-87123897
郵撥帳號：18955675 戶名：大塊文化出版股份有限公司

總經銷：大和書報圖書股份有限公司
地址：新北市新莊區五工五路2號
TEL：(02) 89902588 FAX：(02)22901658
製版：瑞豐實業股份有限公司
初版一刷：2012年9月
三版一刷：2022年6月
定價：新台幣 400 元
ISBN：978-626-7118-46-7
Printed in Taiwan

國家圖書館出版品預行編目資料

自癒 ：做自己最好的醫生/鍾灼輝作 — 三版. —
臺北市：大塊文化出版股份有限公司，2022.06
288面 ；14.8×20 公分. — (Smile ；183)
ISBN 978-626-7118-46-7(平裝)

1.CST: 催眠術 2.CST: 催眠療法 3.CST: 潛意識

175.8 111006278

自癒

做自己最好的醫生

2022增訂版

鍾灼輝 —— 著

目次 CONTENTS

作者序

遇見生命奇蹟

在這次由意外與傷病所開啟的驚險旅途中，我親身體會到生命的無常；經歷過不治頑疾的可怕，讓我深深明白傷病者眼中所看到的扭曲世界。不論是自己的傷病也好，親人的不幸也好，只要不小心跌進絕望的迷思，人便會自動成為悲劇的主角，不斷地重演自怨自艾的劇情，不知不覺地扮演著受害者的角色。

當面對突如其來的噩耗或死亡威脅時，傷病或意外的受害者好像就只有抗爭與放棄兩種選擇。抗爭是因為感到不甘心、不明白與不公義，不願也不知如何接受傷殘的命運（就如同我一樣），眷戀著從前完整的生活與身體，害怕接受彷彿沒有希望的明天。這種拒絕相信與抗拒接受的情況，即是反映出傷病者內心極端的憤怒與恐懼，是心理治療中常見的現象。

但即使傷病者渴望改寫不幸的命運，能做的事情卻往往是少之又少，最常做的只是一心祈求奇蹟的降臨。可是當我們發現原來一切並非掌握在自己手裡，人便開始感到徬徨無助；就在一次又一次嘗試失敗後，人便對自己失去信心；就連最後的希望也幻滅時，只好消極放棄，不再相信自己，不再相信生命，認為垂死的掙扎只是徒勞無功，最終跌入萬劫不復的絕望深淵。我從意外後的死命反抗到自暴自棄，便是一個活生生的例子。

因此，我希望藉著我意外後的心路歷程，讓大家看清楚傷病者常誤墜的陷阱迷思。一直以來，我根本不是在和什麼病魔戰鬥，而是在和自己的心魔糾纏。結果我的體力、意志力全虛耗在自我抗爭與逃避之上，我的信念、信心全被自己製造出來的負面思想及情緒蠶蝕摧毀。這不但延緩了治療的良機，更大大加重了身心的無謂負擔，讓我成為一個心靈殘障者，而這比身體殘障更為可怕。

其實，除了抗爭與放棄之外，我們還有第三個選擇，就是坦然接受並勇敢面對，接受生死有時、命運無常的宇宙法則。傷病者要學習從自己的不幸中抽離，試著以豁達的心情再次面對現實，無論順逆，都要努力地活在當下。

當人能夠放下執迷，釋懷地面對生命無常時，人就不會再時刻想著自己的不幸，這是心靈療癒最重要的一環。以我為例，當我把目光從輪椅中移開，換個小孩的高度看世界，老人的速度過生活時，我發現了大自然的和諧場面，尋回內心的平靜與安慰。原來只要學會轉念，就能走出傷病者的心魔，力氣才不會消耗在逃避與抗拒上，能量也能再次集中在更有意義的治療與改變上。

當身心準備好以後，我十分鼓勵傷病者重新觀看自己的疾病與意外。其實每個傷病背後，都隱藏著內心想要傳達的重要訊息，只是我們不曾認真聆聽內心的訴求而已。傷病只不過是潛意識的一個訊息載體，訊息如果沒被成功解讀，傷病便會一直抓緊我們不放。我再次回溯整個意外經過，就是為了解讀我的性格如何造成了這次墜機意外，我的腳傷如何代表心靈的自由渴求。當我成功地解讀這一切，我就已經得到離開輪椅世界與傷殘身體的契機。

要有效地進行治療，我建議傷病者優先處理心理上的問題，因為自癒能力是會受到內在思想與情緒的影響。當人在充滿正念正向思想、放鬆愉快的心情下，自我療癒的速度最快，復元的效果也最好。相反的，如果人是處於負面思想或緊張絕望的情緒下，自我療癒能力將會大受影響，復元速度也是最緩慢的，所以要讓自癒系統發揮最大的效用，必須保持心靈健康。

我追尋的奇蹟治療，其實正是自我療癒的能力，這並不是什麼神秘魔法，也不是哪裡修來的神通異能，它其實是我們與生俱來的一種生存本能。從我們出生的第一天起，每個人便已經被賦予這自癒求生的本領，而且這樣的天賦是人人平等，不論膚色種族，不管性別或信仰，每個人都公平得到這項能力，沒有誰比誰多，也沒有誰比誰強。事實上，這可貴的自癒能力，牢牢地被記錄在每個細胞的遺傳密碼上，經過千萬年的進化演變，才讓我們的生命得以延續至今。

只是，經濟愈發達，科技愈進步，我們愈注重物質生活，卻忽略了內在的精神健康。醫療技術的急速發展，雖然使得人類壽命延長，卻沒有讓人類活得更健康、更快樂。人類的精神文明，並沒有隨著物質文明同步成長。相反的，對物欲的追求，使得我們身心疏離，逐漸失去對身體的自主權。但請不要誤會，我並不是在否定現今的醫學，或是質疑醫藥的療效，我只是希望傷病者對自己的生命負責，不要胡亂地把自己身體的療癒權交給別人。

只要身體出現問題，我們都會不假思索地往外尋求最便捷、最有效的治療方法，想在最短時間內把所有病徵病狀消除，以避免影響繁忙的都市生活。正因如此，我們的自癒能力正逐漸萎縮，對外的依賴亦不斷擴大，頻繁地使用抗生素、類固醇、止痛劑、營養精華等速效化學藥物，已成為現代生活因循怠惰的習慣，我們已忘記了天生的修復能力，遺忘了生命的力量，不再相信自己。所以我的康復經歷是要讓人重拾對生命的信任，以及對奇蹟的希望。因為這奇蹟不只屬於我，也不只屬於少數的幸運兒，而是平等地屬於地球上每一個生命。奇蹟就寫在每個細胞的遺傳密碼上，深藏在我們的潛意識裡。

人類歷史上許多前所未聞的治療，都是透過不停地探索與努力嘗試才出現的。我並不是什麼異能人士，只是一個被挑選出來普通的傷病者，向大家展示如何透過潛意識來發掘生命的無限可能。時至今日，我們對潛意識與自癒能力的了解還屬初步階段，相信還有更多的奇蹟在等待著我們發現。

雖然每個人所面對的傷病際遇不盡相同，但希望透過我的康復奇蹟，讓所有人能再度成為自己生命的主人，成為自己最好的醫生。期盼以我的生命影響更多生命！為使本書的內容更加具有應用性，除了我的親身經歷外，我也補充了一些相關醫學資料，以便讓讀者們對於自癒有更全面的認知。

我遇見了奇蹟，因為我相信。那你呢？

經過一輪的潛意識心理治療，我終於成功地走出憂鬱症及傷痛經歷，治好了內心的大小傷口。在過程中，我反覆地思考疾病的存在意義，並重新奪回治療的責任與主導權。

我以現實生活中的心理診所為模式，總結自己過往的諮商經驗，在潛意識裡建構了一所綜合性的「心理療癒室」。透過催眠技巧，我走進自己的內心世界，並給予有效的角色暗示，把自己有系統地幻化為不同的心理專家。每位內在的心理專家，都扮演了自己最好的醫生角色，並在最終融為一體，為我提供了全面性的身心靈治療。

在心理療癒室裡，我先後看見心理學教授、催眠師、分析師、心理治療師、及痛症治療師。教授讓我尋回專業的心理學知識；催眠師教我重拾意外的相關記憶；分析師助我了解意外與傷病的意義；治療師幫助我走出絕望憂鬱的死胡同，最後，痛症師教曉我如何治理疼痛，並且學習與痛同行。透過這個存在於潛意識，極為強大、目標一致，且專屬於我的「醫療團隊」，替我治癒好內心的各個大小傷痛。

而一路陪伴我的智慧老人，就像是我的內在智慧、我的高我意識，透過內心聲音不斷的給我指引，是我療癒路上的重要伙伴。潛意識還會按著我的身心狀況需要，出現更多不同的角色人物，每一個人物，都富有其象徵意義，不論是透過故事、比喻、或對話，其作用都是向我傳達內心的重要訊息。當中的每一個人物其實都是我，而每一個我，都是潛意識的珍貴資源，我的內在潛藏能力。

接下來，我需要到隱藏在潛意識裡的自癒室，尋找最後一位專家，治癒我腳踝骨骼的缺血壞死，助我走出身體傷殘……

第一章　自癒重生

生命本能

我如常地靠在公園的長木椅旁，享受著午後溫暖的陽光。我瞇細眼睛看著太陽，回想起瀕死時所看到的那片光海，金黃色的光從天上散射下來，把我整個人團團的包裹著，身體的重量消失了，我再次從輪椅上站起來，想像自己就像泡在溫泉水裡的魚兒，可以自由地到處遊走一樣。

此時，我腦海裡浮現出一個問題：生命到底有多大的可能？

我一面想、一面推著輪椅在公園裡繞圈，我在一片綠油油的草地前停下，之前那片草地不知道為何燒焦了一小塊，那一小塊焦土上，今天突然長出了一株株翠綠的嫩芽，形狀看上去就像一隻展開翅膀的小鳥。接著，我在一棵樹上看到有一個蟲蛹，大約三公分，倒掛在一片葉子下面。蟲蛹逐漸裂開，一隻色彩繽紛的蝴蝶從裡面飛了出來。在我快要回到長木椅時，輪椅差點輾過一隻昆蟲，我連忙煞住輪子，俯身一看，原來那不是昆蟲，而是一隻蟬蛻下的空殼。

這些雖然都是自然界常見的景象，但當中卻似乎有著什麼樣的聯繫，像是要對我傳達什麼訊息似的。我試想，如果心理分析師在的話，他會怎麼解讀這一連串徵兆？

「就和解夢是一樣的啊。只要把徵兆當作是夢，你便能解讀出背後的意義。」分析師彷彿正在與我說話。

「不要被徵兆的外表迷惑，一切都只是以象徵意義存在著。」我自言自語地回答。

我閉上眼睛，用心去看，嘗試理解箇中的意思。如果把這三個徵兆拼湊起來，找出它們相通的特質，拆解後再重新組合，那所代表的意義會是什麼？突然間，我看到了一團火，一隻展開翅膀的鳥，破焰而出。

「那是火鳳凰的重生。」我恍然大悟似地說。

我再次張開眼睛，只見智慧老人已經坐在長椅上。

「你已經不需要再待在輪椅的世界，可以自由離開這傷殘的身軀。」智慧老人看著我說。

「現在該是我離開輪椅的時候了。」我也有感而發地說。

「生命本身就有著無限的可能。你不需要再向外尋找什麼奇蹟治療，因為你自己才是唯一的治療希望，你只需要相信生命的力量。」智慧老人說。

「就像火鳳凰一樣。」我回應著說。

「如果把這些徵兆變成是治療，那會代表著什麼？」智慧老人接著問我。

我低下頭，看著那片剛長出嫩芽的焦土。「那是一種來自生命的自癒重生力量。」我回答。

「你必須重新去認識生命的本質，認識何謂生命的創造本能，才能找到讓你重生的自愈能力。記著，你需要的所有答案都可以在大自然生命中找到。」智慧老人提示著我說。

當我再次抬起頭時，智慧老人已經消失了，只留下黃昏的金色陽光。

第一步

這一天，吃過午飯後，老媽如常推我出門，但今天我們並不是到公園，而是去另一個久違了的地方。自從放棄治療後，我已經很長一段時間沒有踏足過醫院，但今天我必須回來一趟，因為我要找物理治療師商量一件重要事情。對於我的突然到訪，物理治療師先是感到一陣錯愕。

「你好，很久不見了。」我主動先開口向物理治療師打招呼。

物理治療師一時之間反應不過來。「對啊，已經好一陣子沒看見你，身體恢復得怎樣？」

「身體的其他傷勢都算恢復得不錯，只是右腳踝的骨枯沒什麼進展。」

「以你的情況，你的康復程度已經比一般人快很多了。」

「但可能就是一開始跑得太快，所以現在便後繼無力，沒氣了。」我玩笑地說。

對於我的事情，物理治療師也曾聽說過，也知道我患上了憂鬱症。他安慰我說，「比賽還沒有結束啊。坦白說，你是我在醫院所有個案中，最積極堅強的一個，所以我不相信你會就此倒下的。」

「對啊，我現在只是在中場休息，並沒有放棄。」我回應說。

「這一次看見你，我感覺你變得不一樣了。怎麼說呢，從前的那份傲氣不見了，但堅毅的眼神仍在，更多了一份和諧與平靜。」

「可能因為最近我都在曬太陽，及多做深呼吸的關係。」我半開玩笑半認真說。

「多接近大自然是好事。」

我轉入正題，「我這次來，是想要和你商量一件事，我想嘗試用拐杖走路。」我說出這次來訪的目的。

「什麼？拐杖……這個對你有點太難吧。」物理治療師的反應，像是剛從上司那裡收到一份不可能的任務一樣。

「我只是希望可以用拐杖站立，或進行些簡單的走動而已。」我要物理治療師放心。

「以你的身體情況，我並不建議你離開輪椅。或者，讓我先替你先做一些檢查及翻看最近的報告再說吧。」物理治療師知道我是不會輕易放棄的。

經過一輪傷口檢查後，物理治療師皺著眉對我說，「你的全身四肢，就只有左手是可以靈活運用。」

我活動一下雙手，左上臂的深度割傷，基本上經已完全癒合，即使大幅度運動也沒有感到任何痛楚。

物理治療師繼續說，「你的右前臂骨折也癒合得不錯，加上裡頭鑲有鋼板及螺絲，即使要負重或用力，應該也問題不大。只是你的左膝韌帶斷裂情況仍然嚴重，必須透過外科手術才能修補，如果要強行走路，就必須佩戴一個可調式的膝關節固定支架。在你站立或走動時，下肢支架必須調整到垂直鎖死位置，以防膝關節出現鬆脫或移位。」

「但這樣的話，在走路時，我的膝關節就不能彎曲了。」我想確認物理治療師的意思。

物理治療師點頭，「你只能像僵屍般用跳的方式走路，而且是用單腳跳啊！因為你的右腳踝骨折根本沒有任何癒合跡象，仍然處於嚴重的缺血性壞死狀態，所以絕對不能著地，更不要說站立或負重走路。」

「但如果我能用拐杖做輔助，我想我的體力可以支撐的。」

「這樣對你的體力及平衡力都要求太高了。」物理治療師擔心地說。

「我的左腳可以負重著地，雙手也能用力握緊拐杖協助走路，所以不會有問題的。」

「你應該比誰都清楚自己的身體狀況啊。」物理治療師對我的要求感到為難。

「正因為如此，我才提出走路的要求。或者我們先試試看，如果真的不行，我也不會勉強的。」我保證地說。

「那好吧。」

物理治療師知道，以我的個性，我是絕不會放棄的，所以只好勉為其難地答應了。經過物理治療師一番指導後，我試著以拐杖支撐，讓自己從輪椅中站立起來了。

我對自己說著：「就只是一步之遙，我一定能做到的。」

我深吸一口大氣，看著前方走廊的盡頭，首先跨出一小步，以單腳站穩後，擺動拐杖到前方，並以兩支拐杖左右作輔助，再用力踏出另一步。雖然有點步履不穩，走起來更恍如一個壞掉的機械人一樣，但我總算成功地以拐杖，踏出第一步了。

我繼續嘗試著，物理治療師一直緊隨在我身後，我們雙雙在走廊盡頭停下來。

「這條走廊就只有三十米不到的距離，但已經是我所能到達的最遠地方，真的是一步一艱難。」我再次坐回輪椅，喘著氣說。

「以你的身體狀況，能以拐杖走出這條走廊已經是很了不起了！」物理治療師對我的表現感到不可思議。「但你記得一定要量力而為啊。」

「不用擔心，我不會再逞強的。」我承諾說。

生命之光

從醫院離開後，老媽把我推回公園，我全身酥軟地坐著休息。當我看著太陽時，我忽然想起智慧老人的話。也許，我一直忽略了生命中最基本、但卻是最重要的東西：陽光。

生命可以說是從太陽開始的，人類及所有生物的能量都是源自陽光，所以太陽可說是生物能在地球上生存的能量源頭。綠色植物首先是透過光合作用，製造出生存所需的有機化合物，成為整個生態食物鏈的源頭，而含陽光元素的有機物質，繼續供應其他動物及人類生長所需的營養，使整個地球生態活起來了。

我讓光線進入眼睛，想像光線在人體裡的作用。光線首先刺激我的視覺神經，並化作電流訊息傳送到大腦。我曾在書上看過，在光線充足的情況下，松果體會分泌血清素，使我感到活力及心情開朗。但當光線減弱時，松果體便會轉為分泌褪黑激素，令我變得沉靜，昏昏欲睡。

對了，日光對我的生理及心理均有著根本性的調節作用，如果人體無法接受光線刺激，或光線刺激受到干擾時，身心都會出現混亂，並造成嚴重不良影響。如長期接觸不足量的陽光，生理時鐘便可能失序，造成內分泌失調，生理節奏混亂，以及情緒障礙。

早在一九六〇年代，發現維生素C的艾伯特．聖捷爾（Albert Szent-Gyorgyi）教授就曾表示，我們人體所有的能量都源自太陽的光線。德國的霍爾維希（Fritz

Hollwich）教授更指出陽光會影響分泌荷爾蒙的腺體，協助制定了人體眾多的生理周期。身體裡有上百種的生理功能，都是受到光線的強弱來調節，從而表現出規律性的周期。

我在罹患憂鬱症的那段時間，常把自己關在房間，把燈熄滅、窗簾拉緊，盡量讓自己與外在世界隔離。由於長期缺乏和陽光接觸，我的鬱悶情緒日益增加，想法也愈趨消極絕望。日光除了是一種生理刺激外，也是一種重要的心理象徵，代表了希望、生命、勇氣、愛與療癒。嬰兒從產道滑出的那一刻，首先看到的就是光明，光明就代表了生命的初始。

我記得在新聞上看到，一種因缺乏接觸陽光而造成的疾病，稱為季節性情緒障礙（Seasonal Affective Disorder, SAD）。在一些日照短暫的地區，譬如北歐，那裡的居民有時候會出現和憂鬱症十分相似的症狀，如嗜吃甜食、嗜睡、缺乏性慾、疲倦乏力等身心反應。但ＳＡＤ只會在冬季出現，只要能夠補充足夠的陽光就能輕易把症狀治癒。

直到後期，老媽每天硬把我從房間推到公園，讓我可以曬曬太陽、呼吸新鮮空氣，我的情緒與想法才從那時起，默默地發生了變化，只是我不自知而已。原來，當時助我走出憂鬱陰霾的，竟是每天和我打照面的太陽。

明白到這一點，等回到家後，我上網找了一堆有關陽光的資料，我才真正意識到，陽光是重生及自癒復修的能量來源，亦是促進身心靈健康的重要生命元素。

這一天，我跟智慧老人一同在公園裡的長椅享受著日光浴。

「你知道，陽光裡有什麼秘密嗎？」智慧老人突然問我。

「陽光裡的秘密？」我重複智慧老人的問題。

「陽光是宇宙自然送給生命的最大禮物，是人造光不能比擬的東西。」

「你是指，陽光所包含的均衡及完整的光譜吧。」我明白智慧老人的意思。

智慧老人把臉上的眼鏡脫下，並高舉在半空之中，他巧妙地調節鏡片的角度，令陽光折射出七種不同的色彩。

「我知道不同顏色的光線會帶給人不同的心理及生理刺激，例如紅光能有效刺激心臟和神經系統，容易挑起我們的情緒及欲望，是比較物質與身體層次的創造力量；綠光是大自然中最常見的顏色，帶有保護、和平、及療癒的作用，由於既是冷色也是暖色，所以是很好的平衡力量；而藍光則是偏向靈性層次的顏色，給人寧靜深遠的感覺，特別適合開啟思考與心靈洞見的力量。」我說。

「說得沒錯。陽光不但能增加人體對氧氣的吸收，更可以加速新陳代謝速率、調節人體免疫系統，以及改善骨骼與肌肉的力量。七色的光線穿透人體皮膚後，會跟體內各種化學物質及礦物質產生互動反應，幫助合成各項人體所需的物質，並協助分解及排走各種廢物。」智慧老人補充說。

醫學研究顯示，全光譜的光源具有殺菌及治療的作用，例如藍光就被證實可舒緩坐骨神經和發炎的狀況。麥納光（McDonagh）博士在一九八〇年發現，陽光可將血液中的膽紅素轉為無害的物質，具治療黃疸病的功能。另外，陽光中的紫外線是合成維生素D的重要元素，紫外線被皮膚吸收後，再加上脂肪就會轉化為維生素D。

只要有充足的陽光，人體就可自行合成產生維生素D，而維生素D分別在血清、內臟及骨骼為身體工作，對於鈣質的順利吸收及排放有著關鍵作用，負責調節血液和骨骼細胞中的鈣質平衡。維生素D亦是神經系統及體內生理變化不可或缺的營養素。所以維生素D對兒童骨骼及肌肉成長，以及預防中老人的骨質疏鬆有相當大的幫助。

「陽光可以説是上天送給人類的一項免費營養素，但現代人卻很少接觸陽光，甚至選擇盡量避開陽光。」智慧老人搖頭嘆息道。

「我看過一篇報導説，科技發展使得每家每戶無時無刻燈火通明，但室內照片的光譜並不完全，通常就只能提供紅、綠、藍三種原色光線。如果長期在不均衡的光源下生活，不僅對身體健康構成影響，對精神健康也會構成障礙，容易增加壓力及焦慮的感覺。」我説。

「是得，含有全光譜的陽光，對身心健康有著關鍵作用，是生命創始的重要元素。」智慧老人説。

「我會記著的。」我認同地回答。

自從走出憂鬱症後，我都會盡量把握與陽光接觸的機會，盡可能地每天接受一至兩個小時的自然日光照射。這樣，無論對於我的情緒或健康，都有很大的幫助。

「難道陽光跟自癒力量也有什麼關係嗎？」我好奇地問。

「在能量層面上，光的振動頻率是已知物質現象中最高的，運行速度亦是最快，如果人類能以光速旅行，便能超越時間的流速，讓時間也停止下來。」智慧老人像在暗示什麼似的。

「生命某程度上看似受時間所限制，但光卻擁有超越時間的能力，是這個意思嗎？」我猜想著說。

智慧老人輕輕地點頭，「這一點對正在枯萎的骨骼十分重要，因為光是創造及療癒的本源能量。」

我沉默了一會，開始思考應該如何用光作治療。

「但是，只有光是還不足夠的。」智慧老人托一下臉上的太陽眼鏡，他像能看透我的思想似的。「我們還需要別的生命元素。」

第二章　生命之氧

我看著公園裡的花草樹木，大力地吸一口新鮮空氣說，「我猜，我們還需要空氣和水分。植物就是以光作為能源，透過光合作用把二氧化碳跟水轉化成葡萄糖，為生存及生長自行製造所需營養。」

「人可以幾星期不吃食物，幾天不喝水，幾小時失去體溫，但卻只能幾分鐘沒有空氣。人要存活，就必須不停地呼吸。」智慧老人同樣地深深吸一口氣說。

一般人的呼吸速率大約在每分鐘十六至二十次，每天的呼吸次數可達兩萬次之多，如果以重量計算，我們每天平均呼吸五千加侖空氣，重量是飲食的三十五倍。當空氣被吸入肺部後，氧氣便透過氣體交換進入血液，在體內快速散播流動，供應給每個細胞。雖然大腦只佔身體質量的五十分之一，但身體在靜止時，約四分一的氧氣都是供給大腦使用。所以身體一旦缺氧，第一個受損害的就是腦部細胞。

「我知道呼吸維持著細胞基本的生命功能，幫助燃燒食物、產生能量，並協助排放身體毒素如二氧化碳等。呼吸亦幫助我們說話溝通，因為呼吸是發聲背後的力量。」我說。

「空氣中的氧氣，是維繫大自然生命的重要元素，而呼吸，更是賦予生命、療癒、和淨化的根本力量。」智慧老人說。

在地球上，百分之九十的氧氣都是由海藻及森林製造出來，雖然氧氣只佔空氣中百分之二十的比重，但卻成了人體最不可或缺的生命元素。除氧氣以外，大氣中還含有一種叫臭氧的氣體，聞起來有如新鮮的草頭味道。臭氧可在下雨打雷的過程中產生，植物在光合作用下也會產生一些。由於臭氧比純氧多出一個活躍的氧分子，可和空氣中污濁或不好的物質結合，產生淨化功能，所以對人類的呼吸健康也肩負起一定作用。

但空氣污染已經令大氣中的含氧量逐漸減少，而有害的氣體卻不斷增加，對我們的身體細胞構成重大威脅。例如，一氧化碳會傷害中樞神經，碳氫化合物具致癌毒性，懸浮微粒也會刺激呼吸道，損害肺部功能。即使選擇留在室內，我們也躲不過空氣污染的傷害，因為有研究發現，室內空氣的有毒化學物質更是室外的二至五倍。空氣污染也許就是人類文明發展的最大副產品。

我開始明白，智慧老人所說的重生自癒力量，其實就是指生命的創造本源。

「只是，你一直都未曾好好地呼吸。」智慧老人突然轉向我說。

我愣了一下，「什麼意思？我不正在呼吸嗎？」我不解地問。

「如果你不相信，你可在正常吸氣後稍作停頓，之後再次用力吸氣，看看會有什麼結果。」

我依照智慧老人所說那般做試驗，發現在正常吸氣後，竟然仍可吸納多一倍的氣量。這就彷如說，我平常只用了一半的肺部功能，有一半的生命力量沒有充分發揮出來。

「人體的一對肺葉大概可容納一公升的空氣，但你慣常使用的胸式呼吸，每次吸氣量只約為半公升，所以有一半的呼吸功能沒有被使用到。」智慧老人說。

「所以，如果無法好好呼吸，我就無法完全開啟生命的潛能。」我明白了智慧老人的意思。

「人之所以忽略呼吸的重要性，其中一個原因是因為，呼吸一般是不由自主的，不需思考、亦不用主動控制。自律神經會因應身體對氧氣的需求，而自動調節呼吸的速率與深度，例如當人處於驚慌時，呼吸會不其然變得短促；當在放鬆狀態時，呼吸便會放慢。」智慧老人向我解釋。

「但我們其實可以透過自主意識，調整呼吸的方法。」我說。

「沒錯。在療癒層面上，胸式呼吸是一種較短淺及費力的呼吸方法。因此，你必須換成腹式呼吸，那才是更具生命力量的呼吸方法。」

「我在進行心理治療時，也有使用腹式呼吸啊。」我回應著說。

「但你所使用的腹式呼吸，只是虛有其表，根本沒有運用到身體的深層肌肉，現在我們一起從頭學習好好呼吸吧。」

接著，我跟智慧老人一起練習深度的腹式呼吸。

「腹式呼吸主要是透過腹部運動，以增加空氣在體內的循環量。吸氣時，放鬆腹部肌肉，拉下橫隔膜，使胸腔的容量擴大，吸進的空氣自然變多。」智慧老人開始進行練習指示。

我嘗試用鼻子深深地把空氣吸進，由於腹部內臟受到推擠，我的腹部自然地慢慢隆起來。

「實際上，你只是把空氣吸入到胸腔的深處，並不是真的把空氣吸到腹部。」

智慧老人繼續說，「在吐氣時，把你的腹部肌肉稍微地往內收，橫隔膜同時回復到原來位置，這樣會令胸腔壓力增加，空氣便自然地吐出身體。」

我稍稍地用力把腹部收進去，用口慢慢地把空氣吐出。

「盡量控制吐氣時的氣流，動作像吹蠟燭一樣，令氣流變得綿長均勻。這樣可使血液中的二氧化碳濃度增加，令血紅素中的氧分子更容易釋放到細胞，而且把呼氣時間盡量拉長，可令副交感神經的活性增加，能為你帶來較明顯的放鬆效果。」

我依照指示重複的練習，呼吸開始變得暢順起來，身心也越來越平靜放鬆。

「呼吸的節奏十分重要，過程中，吸氣要深入，呼氣要緩慢，這樣身體的氣脈才能打開。吸氣與呼氣的時間，可控制在一比二、甚至是一比三的比例，而每分鐘的呼吸速率維持在八至十二次。」

我嘗試著將注意力集中在深吸、深呼之間，集中精神去感受小腹中氣流的流向變化，然後有意識的將意念凝聚在小腹丹田處。

「你做得很好。相比起胸式呼吸，腹式呼吸是一種更深入徹底的呼吸方法，不但能增加肺泡的氣體交換效能，空氣循環量更是胸式呼吸的二至四倍。」

研究顯示，腹式呼吸能令肺泡微血管維持在正壓狀態，有效提升身體細胞能量四至八倍，同時亦能減慢身體新陳代謝速度，甚至令體溫下降攝氏一度，使體內有害的自由基濃度因而下降四至八倍。

「當你掌握了腹式呼吸的動作後，你還可以在吸氣和呼氣之間加入憋氣屏息的動作。」智慧老人説。

「憋氣的作用是什麼？」我問。

「懸息腹式呼吸能使氧氣在體內得到充分循環，令血液更有效將氧氣輸送到全身細胞。」

「那憋氣的時間要維持多久？」我接著問。

「即使只是幾秒鐘的懸息停頓，也能令呼吸系統及身體處於相對靜止的狀態，增加淋巴系統的排毒凈化功能。一般來説，吸氣、憋氣、和呼氣的時間比例為一比四比二，呼氣比吸氣的時間長兩倍，而憋氣又比呼氣的時間再長兩倍。」

「我明白了。」

我開始嘗試練習懸息腹式呼吸。由於不太習慣憋氣，起初會有點缺氧頭麻的感覺，但當慢慢調整憋氣的時間後，我已經能找到舒服的呼吸節奏。

「其實，不同的呼吸方法，對身體也會帶來不同的療癒及淨化效果。」智慧老人說。

「我真沒想到呼吸也有這麼多種類。」我驚嘆說。

陰陽呼吸法

「接下來練習的是陰陽呼吸，即是左右鼻孔交替的呼吸方法。」

「陰陽呼吸？」我一臉茫然的樣子。

「雖然我們擁有兩個鼻孔，但左右鼻孔的呼吸卻並不均等，在某些時候，一個鼻孔會比另一個鼻孔暢順，呼吸更容易一些。所以在大多數情況下，你就只有一個鼻孔處於活躍狀態，至於是哪個鼻孔活躍，取決於不同時間及你的生理及情緒狀態。」智慧老人解釋。

醫學研究顯示，鼻循環與腦功能有著莫大關係，兩者是同步一致的。當左鼻孔較少阻塞時，右腦的電頻活動會更為活躍，想像力與創意功能會更好。同樣地，當右邊鼻孔較暢通時，左腦的刺激會更為明顯，語言及邏輯思考的能力會提升。所以，與鼻孔較少堵塞相反的大腦，腦電頻活動會更大。

「所以我要透過有意識的左右交替呼吸，來打通身體的左右氣脈，並平衡兩邊鼻孔的呼吸功率。」我回應說。

「左右交替呼吸不但能淨化兩邊鼻腔的呼吸道，更能有效將體內積存的污濁空氣排出。練習左右交替呼吸，可強化整個呼吸系統，增進肺部的氣體交換功能，也能平衡我們左右兩邊的身體，特別是左腦與右腦的活性。」

智慧老人繼續說，「你先選一個安靜舒適的位置坐下，肩膀放鬆，兩手自然垂下。穩定好身體後，眼睛輕閉，調息呼吸並放鬆心情。」

我依照指示調整好身體姿勢，並輕輕地點頭，表示可以隨時開始。智慧老人把呼吸的步驟逐一說出：

「把左手輕放於左膝蓋上，食指可輕碰拇指。」

「將右手半舉放於鼻尖前，把右手食指和中指屈向掌心，做毗濕奴手印。」

「右手大拇指先壓住右邊鼻翼，閉住右鼻孔，然後用左鼻孔深深吸氣，直至腹部脹滿為止。」

「再用無名指按住左鼻翼，閉住左鼻孔，之後鬆開大拇指，用右鼻孔慢慢呼氣，直至體內空氣完全排出。」

「無名指繼續閉住左鼻孔，用右鼻孔深深吸氣。」

「再將大拇指閉住右鼻孔，鬆開無名指，以左鼻孔慢慢呼氣。」

「首先，以左鼻孔吸氣，最後以左鼻孔呼氣作結束，呼吸的次序為左吸、右呼、右吸、左呼，這樣形成一回合完整的呼吸。」我重複呼吸的左右次序。

智慧老人點點頭說，「過程中，呼氣的時間為吸氣的兩倍，吸氣跟呼氣的時間比例為一比二。另外，呼吸中間也可加入懸息時間，吸氣：憋氣：呼氣的時間比例為一比四比二。每次練習十二個回合，然後再恢復正常的呼吸及節奏。」

我開始練習陰陽呼吸法，但手部動作與呼吸卻顯得有點不太協調。

智慧老人提示說，「肘部要舉起，肩膀與手臂要柔軟放鬆，不要拉緊。不要過度用力壓住鼻翼，只需輕按把鼻孔閉緊就可以了。」

我嘗試以平穩、放鬆的腹部深深地呼吸，不消一會身體與呼吸便自然均衡和諧起來。完成十二回合後，我再次張開雙眼，感到眼睛明亮、思考清晰，身體也變得輕盈放鬆。

「這是一種具有鎮靜功能的瑜伽呼吸法，能幫助我們建立平衡的身心靈系統，活躍我們生命的潛藏能量。」

「我會好好練習的，謝謝你。」我向智慧老人道謝。

火呼吸

接下來的幾天，我都是在太陽底下，一邊享受日光浴，一邊練習腹式與陰陽呼吸法。我感到自己的氣量比從前明顯地改善，沒有了之前總是「透不夠氣」的狀況。

「之前你所練習的，都是一些比較靜態的呼吸法。今天我們換一個方式，試一些比較動態的激烈呼吸。」智慧老人說。

「自從不能走動後，我根本沒激烈呼吸的機會。」我語帶沮喪地說。

「誰說一定要跑動，才可能激烈呼吸的。」

「即使是坐著也可以嗎？」我再次確認似地問。

「你有沒有聽過火呼吸法？那是一種節奏急速的瑜伽呼吸法，運用腹部肌肉及深層核心肌群，進行快速的連續呼氣。你必須在短時間內，有意識地向腹部施壓，將丹田周圍強烈地收縮進腹部內側。」智慧老人說。

「感覺就像是在體內做劇烈運動一樣。」我回應。

「說得沒錯，這可是一種靜態的體內深層運動。火呼吸的力量來自於丹田和太陽神經叢，通過反覆迅速收縮腹部內側肌肉的動作，活化橫隔膜和核心肌群等深層肌肉，從身體內部產生能量。火呼吸能進一步增加你的肺容積量，排除肺部、粘液內膜、血管和其他細胞中累積的毒素。」

「這個呼吸運動，確實很適合我現在行動不便的狀況。」

「你先調整好坐姿，保持脊椎挺直，胸腔輕微地上提，讓丹田的活動不會受到壓迫。」智慧老人指示說。

「穩定好身體後，肩膀放鬆，兩手自然垂下，一手放於膝蓋，一手置於小腹丹田，以確認有否使用到核心進行呼吸。眼睛輕閉，調息呼吸並放鬆心情。」

我輕輕地點頭，表示可以隨時開始。

智慧老人把火呼吸的步驟逐一說出：

「先用鼻子深吸一口氣。」

「吸氣時，上腹部的肌肉放鬆，橫膈膜向下延伸，胸腔就會增大，氣體便會湧入肺部。吸氣只像是放鬆的一部分，而不是用力的結果。」

「呼氣時，腹部盡量向脊椎施壓，再快速地收縮橫膈膜，令胸腔的空間變小、氣壓增加，再把空氣從鼻孔用力地送出。」

「持續以這種短促、急劇的方式呼氣，有點像舊式火車頭發出的聲響。」

「呼吸時，嘴巴一直閉上，只用鼻子進行呼吸。呼氣和吸氣的時間相約，中間沒有停頓，大約每秒鐘呼氣二至三次。呼氣以五十次左右為一回合，每一回合結束時，做一次深長的呼吸，一次練習為三回合。以急速的節奏呼吸一到三分鐘，然後恢復正常呼吸。」

剛開始練習不久，我便感到了耳鳴、晃動和頭腦發麻。

「這是因為身體在適應劇烈的呼吸模式。如果呼吸後出現了頭暈目眩的感覺，可以休息一下，或調整呼氣的速度。」智慧老人解釋說。

但隨著腹部的肌肉逐漸適應後，手、腳、和頭部的僵硬發麻感覺慢慢地消失。我嘗試把呼氣的次數和速度逐漸增加，完成呼吸後感覺就像跑了大圈一樣。

「雖然你不能走動，但火呼吸可以是你暫時的替代運動。火呼吸能平衡你的交感神經與副交感神經的活動，增加新陳代謝速率，從而提高免疫及復修系統的功能。」

「真沒想過，原來呼吸也有這麼多的學問，這些簡單的呼吸法比我之前所找的昂貴治療有效多了。」我有感而說。

「簡單的事情天天做、認真做，可就一點也不簡單了。」智慧老人笑著說。

「說的也是。」我十分同意地說。

第三章　生命之水

經過持續的呼吸練習，我感覺精神與身體機能都比從前好多了，不但頭腦變得清晰，心境更是越來越平靜。

雖然我現在仍以輪椅作為主要代步工具，但那對拐杖卻大大增加了我的機動能力，讓我可以掌控生活上更多的事情。這可算是離開輪椅世界的重要一步。

我剛在太陽底下走了幾個來回，全身也開始冒起汗來，已經很久沒有真正走動了，真懷念那種汗流浹背的感覺。

我做了一輪深度的腹式呼吸，運動後的疲勞及缺氧感覺很快便消失了。

「你的精神看起來很不錯啊。」智慧老人忽然地在我身旁出現。

「可能是因為剛剛做了運動的緣故吧。」我心情開朗地說。

「忘記你從前也是一名運動健將來的。」

「對啊，我已經很久沒有認真動過身體了。」我伸了一個懶腰。

「你知道生命是從哪裡開始的嗎？」智慧老人突然這樣問我。

「我聽說大約是四十億年前，在海洋中開始的。」我依稀記得生物課本上說過。

「所以有一種說法，生命因水而活起來。」

「對啊，人也可說是由水做的。因為人體約七成皆為水分，血液也有八成是水，在母體內的新生胎兒含水量更高達百分之九十七。人體的細胞，內外都是水。」我回應說。

「即使在出生前，人的全身都是包覆在母體的羊水裡。」

「在瀕死那時，我的靈魂也同樣感到是泡在光的溫泉裡。」我回想起瀕死時的經歷。

「人終其一生，都是活在水的狀態之下。水是孕育生命之母，也是生命的原動力。沒有水，生命就無法誕生。」

「你想說，水是生命起源的另一重要元素嗎？」我猜到智慧老人的意思。

不知道什麼時候，智慧老人的手中突然出現了一杯清水。他喝一口水，然後說道，「水參與人體所有的新陳代謝和生理化學反應，因此水在身體的總量和質量都非常重要。你每天須補充二千五百至三千毫升的水，才能讓身體機能運作正常。只要失去體內五成的水分，你便無法生存。」

「為什麼水會有這麼神奇的功能？」我問。

「因為水有極高的流動性，讓生命也流動起來。水可在人體消化、吸收、循環、及排泄的過程中起到關鍵作用，不但能加速養分及氧氣的輸送，也協助細胞新陳代謝的廢物排泄。水還具有強大的溶解與電解能力，新陳代謝就是在液體中完成各種物質的轉化和能量的交換。」智慧老人解釋著。

水對我們全身的器官、關節、肌肉、及組織擔當緩衝、潤滑及保護的作用，並能透過排汗功能，帶走體內過高的熱量，調節及維持體溫的穩定。水亦是身體內最佳的清潔劑，腎臟需要大量水分來刷血液中的廢物，將過濾乾淨的血液輸送到其他器官，並透過尿液及毒素及代謝物排出體外。

「只要有水的流動，生命便有活力。」我有感而發地說。

「因為水是能量的傳導者、輸送工具與媒介。」智慧老人把水緩緩倒在大地上。

「如果想要恢復健康，就必需學會與水結伴，是這個意思嗎？」

當我想進一步再詢問智慧老人時，他已經離開了。

我坐在公園，一直在想智慧老人的話。之後我決定到公園附近的河流走走，我想到能夠看見水的地方。我把輪椅停靠在河提的圍欄旁邊，看著水由吐露港的海洋流進內陸，水流並沒有很急速，平靜的河面泛著金色的太陽光芒。

正當我看得入神時，突然一條魚兒從河的中央「噗嗵！」一聲跳起來了。我很羨慕那條魚兒可以自由自在的在水裡游泳。

「我以前也是游泳與潛水高手呢！」我竟無聊地對著河中的魚兒大喊，然後我自己也笑了。

在回去的時候，那魚兒讓我想到一件有趣的事。這或許是個可行的辦法啊！「謝謝你，魚兒。」

第二天早上，我請老媽送我到游泳館。

「難道你想要游泳嗎？」老媽瞪大眼睛問我。

「我只是想泡泡水，做做水療而已。」

「真的沒問題嗎？」老媽顯得一臉擔憂。

「沒事的。你一小時後回來接我便是了。」我迅速地把老媽打發掉。

我在更衣室脱掉衣服後，便拿起拐杖小心翼翼地走到游泳池旁邊。救生員看見我先是一呆，然後馬上前來幫忙，把我安頓在岸邊的地上。我把護膝與腳踝護甲脱下，連拐杖一起放到泳池的樓梯旁。

此時，不管泳客或救生員全都停下來了，緊張地盯著我看，我彷彿變成了高台跳水的表演選手一樣。我吸一口大氣，如滾地葫蘆般直掉水裡去。我在水中三扒兩撥，再次把頭冒出水面，並抓緊岸邊的扶手。大家差點沒鼓起掌來。

在意外發生之前，我其實是個深諳水性的游泳高手，即使不用雙腳，或只以單手單腳，也能在水中找到平衡。我和魚兒一樣，水可是我們熟悉的世界。

雖然我不能在陸地上跑動，但卻可以在水裡游泳，在水中我可以自由地活動起來。水的浮力有效地替我減輕了體重的負擔，我不必擔心關節的勞損及負荷。當水深至腰部時，我的關節受壓可減少五成，水深至胸口時，壓力更可減少多達七成。

我做了簡單的踢水運動以及在水裡來回行走，運用水的阻力來鍛煉我的肌肉與骨骼，並強化結締組織的力量。我感到肌肉及關節都得到有效的伸展及鬆弛，水中復健，可說是特別適合我這種關節嚴重受傷的患者。

經過這次大膽的嘗試，我終於找到一個既有效又安全的方法，更真實地鍛練及復健我的身體。其實，水療並不是什麼神奇魔法，早在公元前五百年的歐洲，就有文獻記載人類以水作為媒介，淨化身心，並治療各種疾病。水療可說是一種最健康的自然療法，只是一直被人忽略而已。

上善若水

今天，我特地走到河流旁邊，向魚兒道謝。

「你的氣息又比之前更加進步了。」智慧老人跟我一同在看河流。

「水療好像不單對人體的健康有益，也有助於改善睡眠與鬆弛緊張情緒。」我說。

「除了利用水的浮力與阻力外，你還可以運用水的其他特性，做復健治療啊。」智慧老人提示說。

「水的其他特性？」

「比如是水的溫度。」智慧老人回答。「冷熱水交替療法，就是一種利用溫度變化差異的水療，透過冷熱水的輪流交替，增強血液循環，改善體質，並促進傷患癒合。」

我曾在水療醫學雜誌上讀過相關的報導。「首先從熱浴開始，熱浴水溫控制在攝氏四十至四十二度，浸泡大約五分鐘。之後緊接到攝氏十四至十六度的冷水，再浸泡三分鐘，這樣的冷熱交替便是一個循環。一次療程分為三個冷熱交替循環，時間約為二十至三十分鐘。」

研究顯示，冷熱交替療法對於治療文明病，例如失眠、焦慮症、憂鬱症、自律神經失調、風濕關節炎、腰椎頸椎受傷、韌帶受傷、肌腱炎、運動傷害、腰酸背痛、腸胃病等，都有良好效果。但心臟病、氣喘或慢性阻塞性肺病患者，均不適宜進行此療法。

「雖然只是極簡單的方法，但卻是具有多重療效。」智慧老人說。

第一就是能改善人體循環系統。熱水浴會讓皮膚血管擴張，增加體表血流量，而冷水浴則相反，促使血管收縮，讓血液循環回復靜止期，並令血液流向身體內部。這種如手風琴般的效果，能有效增加血流量、加速體內循環系統，將氧氣和營養物輸送到人體各器官和腺體，同時帶走其中的毒素和代謝物。這可防止組織液積累、緩解炎症，也可讓免疫系統抗擊組織液中的外來病原體。

第二是促進體內的深層運動，讓器官組織也動起來。泡熱水浴時，心臟會增加心搏輸出率，體溫上升促使身體器官機能活躍起來，增進新陳代謝，效果就如在體內進行深層運動一樣。熱水和冷水浴分別促使肌肉擴張和收縮，促使深層肌肉放鬆，驅除疲勞及解除疼痛性僵硬。冷縮熱漲亦可將毒素及乳酸從肌肉中排擠出來，並帶走體內積聚之代謝物，達到淨化排毒的效果。另外，藉由皮膚毛孔擴大及大量排汗，可徹底清除附在皮膚表面的油脂和污垢，有美容及延遲衰老的功效。

第三是放鬆及改善情緒。冷熱水浴能促使神經鬆弛，對紓解壓力及改善焦慮、緊張情緒有顯著作用。浸泡過程中，自律神經系統將得到平衡，使人提神醒腦、精神集中，身心都得到充分的休息放鬆。

第四是幫助四肢末端的軟組織復健，特別是膝、踝關節扭傷之後所產生的持續腫痛及瘀血。當傷患進入慢性期，可利用熱療讓組織液滲出，再急速降溫讓血管收縮，將組織液帶走。這可以有效舒緩關節及肌肉肌腱的疼痛，並促進傷口的癒合。

「但要找進行冷熱水交替療法的地方一點也不容易啊。」我知道一般的醫院與物理治療室，都沒有提供這種水療。

「自然療法可在任何地方進行，根本沒必要到提供治療的場所。」

「說的也是。我記得有位朋友的屋苑會所，裡頭就有類似的休閒康樂設施。」我恍然大悟地說。

「療癒本來就是生活的一部分啊。」智慧老人最後說。

之後，我向友人商借了會所證，每天先在屋苑的游泳池做水中復健運動，接著做冷熱水交替浸泡，最後再到水力按摩池做穴位按摩。

人體內所有的器官，跟皮膚上的反射區域都有關連互動，水的流動衝力可以提供全面之水力按摩，特別是針對人體的背部、尾椎骨、神經中樞及關節等重要穴位。這不但可以激活各器官組織的功能，更能促進血液及淋巴液的流動，活化循環系統，對重啟修復療癒系統也有著重要作用。

智慧老人跟我一同泡在水力按摩池。

「其實，水的生命力不僅只是在身體層面，對心靈也有著淨化與提升作用。所謂『上善若水』，就是藉由水的德性，所產生的正念思想。」

「上善若水。」我重複著智慧老人的話。

「因為水是大自然中最善良的東西。」智慧老人解釋，「水潤澤萬物而不爭名利，樂善好施而不圖回報，就如淡泊明志、與世無爭的聖人。水避高趨下是一種謙遜，奔流到海是一種追求，剛柔相濟是一種能力，海納百川是一種量度，滴水穿石是一種毅力，洗滌污穢是一種奉獻。」

「的確，水不單單只是重要的生命元素，也是滋養萬物的本源。」

「水是一面很好的鏡子，能夠真實反映出世界上事物的內在狀態。」智慧老人說。

「什麼意思？」我問。

「你沒有聽過，萬物都是以振動頻率存在的嗎？」

「這是指量子物理學的概念。」我回答。

「水在凍結時，水分子會重新排列，形成肉眼能看見的六角結晶。而人的意識或語言都是一種振動頻率，皆具有能量，所以能透過水的結晶形狀清晰呈現出來。如果對水發出正面想法或說出讚美句子，如『謝謝』、『我愛你』、『你很美』等，水便會締造出同樣頻率的美麗晶體。但如果帶著負面想法或情緒向水說話，水便會形成細碎零散的醜陋結晶。」

智慧老人在水中向我展示正念與負念底下所結成的水晶形態。

「所以，水會感受到人的意念與思想，怪不得說：生命的答案，水知道。」我回應。

我想起早年前曾讀過一篇有關水的研究報導，日本的江本勝博士向世人展露出水如何透過結晶給人傳遞生命訊息。

「所以喝下每一口水時，都懷著感恩與正向的心念，那可能就是世間上最好的身心靈良藥。」智慧老人說。

第四章　天然藥膳

在大自然世界中，我找到了陽光、氧氣、與水分三種構成生命的基本元素，但如果想要讓身體重生再造，好像還欠缺什麼似的。

我從輪椅移到公園的長椅坐下，把包裹著雙腳的保護裝置也脫下，讓雙腿也曬曬太陽，呼吸一下新鮮空氣。我把右腳掌輕輕放在翠綠的草地上，感到軟綿綿的清涼觸感。

可能因為昨晚下過大雨的關係，大樹下的陰涼處突然冒出許多白色及棕色的蘑菇。

「昨天我還沒有看見這些蘑菇的，但今天竟神奇地於一夜之間生長出來了。」

對於蘑菇的生命力與生長速度，我實在感到十分驚訝。

「這些蘑菇不可能是憑空出現的。」智慧老人也跟我一起在看蘑菇。

「蘑菇的孢子，應該早就落在土壤裡，並安靜地生活了好一段日子，耐心等待著生長的機會到來。」我說。

「你知道蘑菇是如何長成的嗎？」智慧老人問。

我曾在生物課讀過菌菇類的知識，「蘑菇的孢子會萌發成菌絲，菌絲從土壤中吸收有機化合物、礦物質、維生素等營養，等待合適的溫度和濕度瞬間綻放成長。」我說。

「昨晚大雨過後，菌絲把握機會充分吸收營養和水分，生長聚合成菌索，菌索再長出如雨傘狀的子實體。子實體起初還很小的，但只要有足夠的水分，便可在極短的時間內伸展成長開來。」智慧老人補充說。

「這就是大自然的生命力。」我有感而發地說。

「那麼，你知道蘑菇和青草的生長差異，在哪兒嗎？」智慧老人忽然這樣地問我。

「青草是綠色植物，細胞內含有葉綠體可進行光合作用。在陽光的照射下，利用水和二氧化碳製造生命所需的有機化合物。所以，青草是以『自養』的方式獲取生長的營養的。至於蘑菇，因為不能進行光合作用，所以不能自己製造有機營養物，需要和人類一樣以『異養』方式從外界攝取食物。如果人類想要好好生長，就必須獲取合適及充分的天然營養與礦物質，以創造生命的基本所需。」智慧老人像是在暗示我什麼似的。

「原來如此，只是我們往往只看重那些科學製藥及加工補養品。連蘑菇都知道的事情，怎麼我卻不懂。」我不好意思地說。

「好好地觀察這片雨後的大自然，你便會知道身體真正需要什麼了。」智慧老人說完後就消失了。

經過大雨的洗擦，公園變得額外清新，色彩繽紛的小花在翠綠的草地上綻放，花香與青草的清新味道充斥在空氣裡。看到這個情景，讓我想起了雨後的彩虹，彩虹彷彿把身上的色彩塗在大地上，讓大自然充滿生機。

突然間，我想到了什麼，趕快穿回保護裝備，提早回家去。回到家後，我躲在自己的房間，把那疊厚重的醫療筆記重新翻出來，整理了一整個晚上。

老媽在外輕輕地敲門。「晚餐準備好了。」

我打開房門，跟老媽說：「以後我的餐單可能要修改一下，請你替我準備這些食材好嗎？」我把一張營養餐單遞給老媽。

老媽看了一下我的餐單，裡面沒有什麼珍貴食材，也不像之前的複雜藥膳。老媽好奇地說：「這不像是什麼食材秘方，主要都是些簡單的素菜而已。」

「這些可不簡單呢！這些全部都是充滿活性與天然色彩的食物料理。」我得意地說。

活性酵素

「什麼是活性食物啊？」老媽一臉的問號。

「活性食物就是指含豐富酵素的生機食材，包括蔬菜類、新鮮的乳製品、生魚、生肉等新鮮動植物製品。身體細胞需要活性食物來維持健康及生長，只要任何酵素缺乏，人體就容易生病。相反，酵素越充足，人就越健康，因此活性及富酵素的食物比任何藥物都更具療癒力量。」我解釋說，這些知識是我努力啃書一晚的成果。

「傳統的食材也常採用大量的發酵蔬菜啊，例如泡菜、醃蘿蔔、黃瓜等，還有東方人常吃的納豆和味噌，也是大豆的發酵製品吧。」老媽把頭歪在一邊說。

「對啊，其實很多傳統食品都富有養生的智慧，也是食物酵素的絕佳來源。」我回應說。

酵素是一種複雜的蛋白質，負責催化人體內的每個生化反應，將簡單的有機物質轉化為生命的表現。人體內發現的酵素已多達五千多種，所有細胞活動都需要酵素來啟動，新陳代謝的過程也需依賴酵素來參與。若沒有酵素，維生素、礦物質、蛋白質和荷爾蒙都無法執行功能，人體中的免疫系統、血管、肝臟、腎臟、脾臟、胰臟，以及視力、聽力，甚至連呼吸都無法運作正常。另外，酵素亦協助分解有毒物質，把毒物排出體外，對淨化身體器官有顯著作用。

「但烹煮蔬果時，千萬不可以過熟啊！盡量以低溫烹調、甚至是生吃也沒問題。」我提醒著老媽。

我繼續向老媽解釋原因，「因為在烹調過程中，食物將無可避免地失去珍貴的生命能量，食物酵素會因過熱而失去活性。如在攝氏四十八度以上加熱食物，不需半小時，所有酵素都會失效，若溫度提高至五十四度，只需幾秒就能把所有酵素摧毀。另外，烹煮的過程亦會損耗約百分之八十三的食物維生素，使蛋白質變性，讓有機的礦物質轉化成人體無法運用的無機形態。」

「我明白你的意思啦，不只要吃得對，還要煮得對吧。很多時候，不是因為食物本身出現問題，而是烹煮方法令食物的營養全流失掉。」聰明的老媽回應著說。

「雖然人只有一個胃，但胃部的設計卻可為兩個功能區域，胃的上部並不會分泌任何酵素，是讓食物進入身體後短暫停留地方，食物中的酵素會先自行分解食物，幫助消化系統處理部分繁重的工作。而只有胃的下部才會分泌酵素，讓餘下的食物進一步分解。如食用不含酵素或過度烹煮的食物，便會大大增加消化系統的負擔，胰臟和肝臟也需要製造及分泌更多的酵素來幫助消化，這樣寶貴的能量都消耗在消化上，而不是在身體的復修和成長。所以多吃含豐富酵素的新鮮蔬果，就能讓消化系統得到休息，使體內的代謝酵素有效率地提供給其他系統，協助身體回復平衡。」

老媽摸摸自己的胃部，然後反白眼地說，「我哪懂這些複雜東西啊。反正菜隨便加熱一下就是了，我樂得省掉不少功夫呢。」

「還有，我的餐單都是依循彩虹飲食法則的。」我補充說。

「什麼又是彩虹法則啊？」老媽覺得有點複雜到頭痛地問。

陽光是含有豐富色彩的自然光線，當中的七種色彩波長造就了植物的七彩顏色。營養專家報告指出，植物素不但是形成植物鮮艷色彩的主要成分，在促進人體健康上也扮演著抗氧化、抗發炎、免疫調節、抗突變、抗腫瘤、抗菌等各項重要功能。因此，我們必須攝取不同顏色種類的蔬果，才能達致營養均衡，並遠離疾病、恢復健康。美國癌症協會就曾推薦以彩虹飲食法則來補充多元營養以，以提升免疫系統及改善身體抵抗力。

「這是現在很火的一種健康飲食方法啊。你知道嗎？不同顏色的蔬果各自具有不同的抗氧化營養素，這都是提升身體免疫力所需的重要元素。」

「啊，原來你是指彩虹的七種顏色。反正我將食物弄得多點顏色就是了。」老媽最後沒好氣地走開了。

不時不食

飲食上的轉變不但讓我的早、午、晚餐充滿了繽紛色彩，也讓我的心靈跟大自然更加親近，吃得健康的同時，心情也豁然開朗。但最高興的應該是老媽，因這些顏色食材都是價廉美味，為她省下不少做菜的時間與金錢。

在午飯過後，老媽推我到公園閒坐後，就離開去辦她的事情。我拿著一個鮮紅的蘋果一口咬下去，果肉多汁爽脆，直沁心脾，吃起來又香又甜。

「你好像很享受這些鮮豔的蔬果啊。」智慧老人不知從那裡也弄來一根香蕉，一面吃一面說著。

「我以前一直只追求那些烹調複雜的菜式料理，完全忽略了天然素食的美味與健康，虧自己還自稱是一個美食家。」我恍然大悟般地說。

「生理的療癒是要從每天的飲食開始，食療遠比藥療重要啊。中國飲食文化與中醫，不是都一直強調『不時不食』的養生概念嗎？」

不時不食出自孔子的《論語》，倡導我們吃東西要按照時令季節，講究的是應季應地，也就是時間和產地都必須符合食物的生長周期和本身特性。《黃帝內經》也同樣指出，飲食一定要順應大自然的規律，什麼時候吃什麼東西，什麼季節吃什麼食物。中醫講究天人合一，注重順應自然的節奏所需，按四季氣候應是春生、夏長、秋收、冬藏，人體所需亦是如此。

「因此，順時而食，就是膳食養生的精髓所在。」我說。

「萬事萬物的生長作息、往復循環，都有自己的規律節奏，而人作為大自然的一份子，身體所需當然也是按照大自然春生、夏長、秋收、冬藏的規律。所以在飲食上，我們不能只追求口腹之慾，而違背四季養生之道。」智慧老人說。

「但如今隨著社會與農業科技及物流運輸的發展，我們想吃什麼，隨時都可以買到，根本不用理會時令季節，反季節的食物隨手可得。」

「只有到適合生長的時令，食材才是最飽滿、最有營養的，如只靠人工的栽培技術，農作物即使能長成，也只有其形而沒有其神髓，就如空氣食物一樣。」智慧老人把吃完的香蕉回復原狀，變成一根只虛有外表的空氣蕉。

「再加上現代社會多採用不良的耕作方式，不但過度耕種，更大量使用化學肥料，追求高量而不是高質的食物。另外，除草劑及殺蟲劑的添加應用，把土壤中可分解礦物質的微生物殺死，令土壤的礦物元素嚴重流失，所種植出來的食物也營養失衡。」我嘆息說。

「在這個糧食充足及多元的時代，人不但沒有越食越健康，反而處於營養不良及失衡的狀態。」智慧老人也嘆氣說。

「所以，回到生活與飲食的原點，這才是療癒身體的真正所需。」

參考資料——彩虹食材與季節食物

彩虹食材

紅色：茄紅素

紅色食物如番茄、甜菜根、紅椒、紅蘋果、草莓、櫻桃、紅莓等，都含有豐富的茄紅素。茄紅素是強效的抗氧化劑，有助身體消除自由基抗衰老，並提高好膽固醇的水平，保護細胞及心血管健康，對預防前列腺疾病有特別功效。

橙黃色：胡蘿蔔

橙黃色食物如胡蘿蔔、南瓜、黃椒、柳橙、木瓜、番薯、玉米、香蕉等，均含有胡蘿蔔素、類黃酮、葉黃素等抗氧化物。胡蘿蔔素可減低中風及心血管疾病風險，也具預防癌症的作用。胡蘿蔔素可於體內轉化為維他命 A，維持夜間視力正常，而類黃酮及維他命 C 亦可促進骨膠原形成。葉黃素則會轉變成玉米黃素，是視網膜黃斑的主要色素，能有效過濾紫外線，保護眼睛視力健康。

青綠色：葉綠素

綠色食物如菠菜、青椒、綠花椰菜、黃瓜、奇異果、青葡萄、酪梨等，含豐富葉綠素、葉黃素、葉酸，多吃對提升身體免疫力有幫助，亦可促進新陳代謝、幫助傷口癒合、抗發炎、抗病毒。葉綠素能阻礙有毒物質的吸收，具有預防皮膚癌及肝癌的效果。另外，綠葉菜含豐富鎂、鐵、鈣、鉀、葉酸、維他命A、B、C、E、K等多種營養素，不但熱量低，更是膳食纖維的主要來源，對增強胃腸消化功能尤其重要。

藍紫色：花青素

藍紫色食物如藍莓、茄子、紫葡萄、紫菜及紫蕃薯等，含豐富花青素，能提高人體抗氧化能力，具有抗癌和預防心臟病的作用，還能促進血液循環，加速排出尿酸，對消除肌肉酸痛和炎症十分有效。花青素還能穩定眼部微血管，增強眼部血液循環，其作用大大勝於胡蘿蔔素，可有效減少自由基對眼睛的傷害，並有助於預防白內障。

咖啡色：不飽和脂肪酸

咖啡色食物如果仁、合桃、糙米、藜麥、燕麥、蕎麥、奇亞籽、亞麻籽等，含單元不飽和脂肪酸及 Omega 3，有利於提高好膽固醇水平，而豐富的水溶性纖維及多酚類化合物可有助改善消化系統，促進腸道健康。另外，啡色食物多含豐富維他命及礦物質如鎂、鐵等，都是合成抗氧化酵素的關鍵元素。

白色：硫化物

白色食物如洋蔥、蒜頭、白芝麻、白花椰菜、淮山、白蘿蔔、蘑菇、大蒜等，含高纖維素及豐富的維他命與礦物質，能提升肝臟機能，增強免疫系統，製造更多酵素中和體內的致癌物。洋蔥所含的硫化物，能有消炎及抗氧化功效，可有助降低心臟病、高血壓及高膽固醇的風險。花菜含硫　類活性物質，有助抗擊癌症，維護骨骼、血管健康。蘑菇富含硒、鉀、核黃素、菸酸和維他命 D 等防病強身的營養素。大蒜中的大蒜素可增強免疫功能，硒元素能抑制惡性腫瘤。

黑色：鐵質及纖維

黑色食物如黑木耳、黑棗、黑豆及黑芝麻等，含有花青素，與紫藍色食物同樣具有抗氧化功能。另外，黑色食物多含膳食纖維、蛋白質及多種礦物質如鐵、鋅等，對改善血液循環，預防貧血、血液凝結、及血管栓塞具良好效果。粗纖維食物也可有助沖刷腸道，讓毒素廢物有效排走，幫助提昇皮膚質素及預防便秘。

季節食物

春季：農曆一至三月

蔬果主要是生髮養陽。時令蔬菜：春筍、薺菜、油菜、菠菜、芹菜、韭菜、花椰菜、青椒、彩椒、洋蔥、甜豆、豌豆、香椿、萵苣等。時令水果：青棗、枇杷、番石榴、桑葚、櫻桃、蓮霧、山竹、檸檬等。

夏季：農曆四至六月

蔬果主要以清心降火為主。時令蔬果：黃瓜、佛手瓜、南瓜、絲瓜、苦瓜、冬瓜、辣椒、菜豆、蘆筍、生菜、西紅柿、捲心菜、龍鬚菜、地瓜葉、茄子等。時令水果：西瓜、櫻桃、楊梅、桃子、葡萄、草莓、蓮霧、李子、菠蘿、芒果、檸檬、百香果、火龍果、荔枝、香蕉、椰子等。

秋季：農曆七至九月

蔬果主要多為潤燥而生。時令蔬菜：秋葵、菱角、蓮藕、辣椒、冬瓜、四季豆、地瓜葉、山藥、白菜、扁豆等。時令水果：柚子、梨、柿子、木瓜、蘋果、蓮子、甘蔗、葡萄、火龍果、楊桃、番石榴、杏、橘子、紅棗、山楂、核桃等。

冬季：農曆十至十二月

蔬果主要是溫和進補。時令蔬菜：胡蘿蔔、蘿蔔、甜豆、高麗菜、白菜、洋蔥、花椰菜、芹菜、菠菜、芥菜、野葵、萵苣、青椒等。時令水果：橙、橘子、柚子、青棗、甘蔗、釋迦等。

第五章　潛意識自癒室

潛意識會診

回到生命的原點，重新認識陽光、空氣與水分，讓我明白生命的初創本能。我感到自己的身心都已經充分準備好了，現在是時候去尋找潛意識裡的最後一位專家。

我以催眠技巧，再一次來到心理療癒室。我轉動大門的把手推門進去，迎面吹來了一陣清新的消毒藥水氣味，就如我第一次到來的時候那樣。

灰白的合成塑膠地板，像剛被洗擦打臘過一樣，如鏡子般清晰地反照出四周的模樣。我沿著長長的白色走廊輕聲地走著，首先經過走廊左邊的心理課講堂。此刻講堂的門是開著的，寬大的辦公桌後是一排排書櫃，教授並不在裡面。

走廊右邊的第二間房是屬於催眠師的，房間佈置得像魔術館一樣，牆上掛著一個古老的圓形掛鐘，時鐘上的時針、分針與秒針正以逆時針方向運轉著。我輕輕敲了同樣開著的門，除了迴聲外，並沒有任何人回應。

我繼續向前走，來到走廊左邊的第二間房間，我曾經在這讀心室學會了分析病與夢的隱藏意義。桌子上放在分析師的白色象牙菸斗，煙絲還沒有完全熄滅，能隱約看到微紅的火光，但分析師卻不見了。

接著是心理治療師的房間，房間播放著四季交響曲的秋季篇，樂曲中能感受到農民豐收的喜悅，鐮刀與汗水的溫柔組合。治療師慣常的坐在L型沙發上，一邊欣賞茶几上的青花瓷瓶，一邊喝著蒸餾咖啡，但現在房間卻同樣空無一人。

走廊左邊的第三間房間是痛症室，如其他房間一樣，大門都是開著的。痛症師的輪椅不見了，意味著痛症師也不在那裡。

「五位心理專家都同一時間消失，他們究竟跑那裡去了？」我心裡想。

然後，我想起每次來時，房間的門樑上都亮有綠色的小燈泡，代表可以進入，但現在一盞綠燈也沒亮。所以我必須尋找亮有綠燈的房間，才有機會找到五位心理專家。我沿著走廊一直走著，小心留意任何帶有綠色的光芒，就在快要到達盡頭的時候，我看見了一個隱密的房間，門外寫著「心理會診室」。

心理會診室在走廊的盡頭處，門外掛著「會診進行中」的牌子。我照樣輕輕敲門，看到門楔上的綠燈亮起後便推門進去。會議室的布置十分簡單，沒有一件多餘的傢具或擺設，只有在房間的中央放了一張圓形的辦公桌。所有人已經到達，繞坐在圓桌邊準備進行會診。

坐在正中央的，是心理學教授，他是一位七、八十歲的祥和老人，雖然兩鬢已變斑白，但他的雙眼炯炯有神，戴著一副金框眼鏡。他的右手邊是催眠師，催眠師依舊戴著他的紳士帽，穿著表演用的黑色禮服及蝴蝶領帶。他臉上的山羊鬍子比之前長了一些，但笑容仍是帶著謎樣。催眠師的旁邊是分析師，他戴著一頂偵探帽子，穿著卡其色的大衣，外型頓時想起電影裡的名偵探福爾摩斯。他口中的白色菸斗不見了，應該是不小心留在讀心室裡。

教授的左手邊是治療師，那位梳著清爽短髮，打扮時尚，穿戴合身，看起來是位有品味、有個性的青年治療師。相比起來，他身旁的痛症師卻顯得異常潦倒，痛症師不但身形削瘦，頭髮凌亂蓬鬆，鬍子更有一段時間沒有好好刮過。加上，他總是坐在輪椅上，看起來活像個典型的長期病患者。

「教授、催眠師、分析師、治療師、痛症師，你們好。」我坐在一旁剩下的空位上。

「這段時間裡，很感謝你們的幫忙，幫助我走出內心困頓。現在，我希望能尋找到自癒重生的力量，來治療我的右腳踝缺血壞死關節。」我說出這次到訪的目的。

各人臉有難色似地沉默不語。教授輕嘆了一口氣，率先打破沉默的氣氛。

「很抱歉，我們只能負責心理專業的部分，無法提供身體方面的治療。」教授坦白地說。

聽到教授的說話，我不禁內心一沉。「難道我的治療之路真的走到盡頭了嗎？」

「我並不是這個意思。我是說你需要找到身體方面的治療專家。」教授解釋著。

「我要去哪裡，才能找到這位專家？」我心急地問。

「傳聞中，潛意識裡有一個隱藏的房間，能為不治之症提供奇蹟的治療方法。這個房間像是位於潛意識底層的一個神秘地方，如果想要前去，就必須找到那隱藏的路徑。」治療師回答。

「隱藏的自癒室？」我重複地說著。

「因為你需要找的，是更強大的自癒潛能，所以房間在一處比這裡更深入的地方。」分析說。

「只要能找到身體自癒室，你便會找到那位你專屬的潛意識醫生，他可以提供你所需的奇蹟治療。」痛症師說。

「但之前我運用的催眠技巧，也只能到達這間心理療癒室，要怎樣做，才可以進到更深層的自癒室？」我毫無頭緒地問。

「雖然催眠技巧是進入潛意識的有效方法，但潛意識就像無邊無際的大海，你必須先找到通往目的地的路徑。你還記得，進行記憶回溯時，我們使用了宇宙時鐘與時間隧道的暗示嗎？」催眠師提示著我說。

「所謂的路徑，就是催眠的導入方法，可以看成是一種潛意識的導航暗示，引領我到達預設的目的地。」我恍然大悟地說。

催眠師點點頭說：「你要做的，就是找出與重生自癒相關的導入暗示。」

我在腦海中不停地思索，突然回想起智慧老人的話：所有生命的答案都可以在大自然中找到。

於是，我嘗試先從大自然生態去理解生命的存在本質。大自然裡的生命看似獨立存在，但其實是互相依賴，循環不息的整合體。大自然生態就像一幅川流不息的生命圖譜，當中沒有一個部分是多餘的。

漸漸地，我看到了大自然的節奏與規律，從而把大自然生態分解為五大生命元素的起承轉合：地（土地、山石等）；水（海湖、川河等）；火（太陽）；風（空氣）；空（時間與空間）——流水受熱蒸發，在天空冷凝成雲成雨，風雨落入泥土為植物所吸收，透過光合作用，跟二氧化碳組合成有機物質，進入自然生態的食物鏈裡，然後死亡被分解，各元素再一次回流到大自然的體系裡。

這就和人體的運作規律十分相似。在中醫的理論中，人體講求的是陰陽平衡調和，透過各種生命元素的流轉循環，形成了創造生命的不息力量。這便是人體的存在與運作本質。

「我想到了！我可以利用生命元素的流轉力量，作為催眠的導入暗示。」我說出腦海中的意念。

「這就是生命的初始本質，也是自癒重生的力量所在。」教授滿意地說。
「記著，你只需要相信，相信生命的力量，就是這麼簡單。」眾專家齊聲地說。
「再一次地謝謝你們！」

這時我才發現，眼前的教授、催眠師、分析師、治療師和痛症師，都和我長得一模一樣。這五個專家，是潛藏在我內心的不同角色，在我人生遭逢如此劇變的關鍵時刻，潛意識啟動了自救的機制，以五種不同的心理專業角度，帶領我踏上自我療癒的道路。

我就是他們，他們就是我。

生命元素導入法

*可參考附錄「聲音導航」QRcode鍾灼輝博士與趙安安博士的示範

為了建立催眠的導入暗示，我以相同的概念把人體拆解為相同的五大基本生命元素。地，就是身體的固態：如骨骼、肌肉與器官等；水，為液態，如人的血液、水分與分泌物等。火，就是能量態，例如體溫、熱度。風，為氣態，如呼吸、氣脈；空，則是體內的空間，如胸腔、腹腔等。這五大元素並非單獨存在，而是相互融合，如水中有風、風中有火等。

生命元素催眠導入，主要是透過冥想把身體解構為不同元素，透過元素和元素間的起承轉合，推動生命力量的循環不息。我把體內的五大元素：地、水、火、風、空等放鬆調和，把身體從固態，到液態，再氣化昇華，最後化成能量的光束，這樣便可以到達深度的潛意識療癒狀態。

我首先把房間調整成催眠時的舒適環境，將房間裡的主要燈光關掉，亮起昏黃柔和的小燈。香爐正燃點著小沉香片，散發出陣陣讓我放鬆的寧神香氣，然後再把背景音樂設定為大自然的流水聲，感覺彷如置身於草地的溪水旁。一切都準備就緒後，我把身體從輪椅移到躺椅上，將腳上所有的輔助保護器具拆除，舒服地斜躺下來，然後輕輕閉上眼睛，做三下深深的呼吸，一、二、三。

我開始進行自我催眠……

「首先把手放在小腹的位置，改以腹式呼吸，吸氣時小腹隆起放鬆，吐氣時小腹凹陷收縮，注意一呼一吸時腹部起伏的動作，慢慢習慣這種舒適的腹式呼吸。把你的呼吸盡量放慢，讓呼吸盡量深沉。徹底地深深吸氣，一直將新鮮的空氣吸進小腹的丹田位置；然後再徹底地吐氣，把所有廢氣從身上吐出。再次深深吸氣，會讓你感到舒適飽滿。再次徹底吐氣，會讓你感覺放鬆自在。」

地元素放鬆

「想像你身體如海綿一樣，浸泡在溫暖的泉水裡，海綿的壓力鬆開釋放，恢復自然的形狀，柔軟自在，完全不需任何力氣拉扯，自然地放鬆。慢慢地讓全身的骨骼如海綿般放鬆，從頭到腳逐一放鬆，放鬆頭骨、臉骨、頸骨，依序放鬆，再放鬆，讓放鬆的感覺一直往下延伸：肩胛骨、上臂骨、手肘、前臂骨、手腕、手掌、手指骨……慢慢放鬆。」

「再繼續往下：胸骨、脊椎骨、盆骨、大腿骨、小腿骨、膝蓋、腳踝、腳掌骨、腳趾骨放鬆，放鬆的感覺由頭到腳往下延伸，一節節地如海綿般放鬆。」

「當骨骼完全放鬆後，全身的皮膚與肌肉開始放鬆。頭皮放鬆，臉部肌肉放鬆，後頸放鬆，肌肉如海綿一樣慢慢鬆開，恢復柔軟。肩膀的肌肉、上臂肌、前臂肌放鬆，手掌與手指放鬆；胸部肌肉、腹部、背部、腰部、臀部肌肉放鬆；放鬆的感覺繼續往下，大腿、小腿、腳掌、腳趾、雙腳的肌肉放鬆。」

「放鬆的感覺延伸到身體內部，首先從腦開始放鬆，大腦的皮層、腦髓、整個腦袋都鬆開來，像棉花一樣輕盈柔軟。然後是眼球、耳朵、鼻腔、雙唇、牙齒、舌頭、下顎、喉嚨，所有頭部的器官都完全放鬆。」

「放鬆的感覺沿著頸椎到達胸腔與腹腔、心臟、肝臟，腎臟放鬆、肺部放鬆，食道、胃部、腸道亦依次序逐一放鬆。身體內所有的器官和五臟六腑都像海綿般鬆開，完全放鬆。」

水元素放鬆

「放鬆的感覺隨著血液流到身體每個角落，每個細胞，血液帶著正面溫暖的能量流經每個細胞深處，將我們的身體從頭到腳慢慢的溶化，變成清晰透明的水分。

頭部放鬆溶化，頸部亦開始溶化，這種清新的感覺一直往下延伸，肩膀、上臂、前臂，雙手慢慢溶化成水；胸部、背部、腹部、腰部化成水，放鬆溶化的感覺沿著雙腿流下，大腿、小腿、腳掌，整個人溶化成清澈的水，充滿流動的彈性，十分放鬆、十分舒服。」

風元素放鬆

「現在慢慢呼吸，放鬆地呼吸，深而長地呼吸，放鬆，放鬆。運用腹部，你的丹田做緩慢而深入的呼吸，吸氣時腹部脹起，吐氣時腹部下沉，自然地呼吸。

每一次呼吸為你帶來更放鬆的感覺，每一次呼吸為身體帶進充足的氧氣，氧氣透過氣脈輸送到身體的每個角落，為每個細胞注滿氧的生命力。氣機無比暢通，身體感到越來越輕盈，越來越放鬆。

氣由皮膚的每個毛孔進入身體，你的身體跟大自然合在一起，逐漸由水分揮發成氣體，全身的皮膚慢慢氧化變成空氣。頭部、頸部、身軀、雙手、雙腳，同一時間開始變成空氣，輕柔無比。全身的肌肉、全身的骨骼開始變成空氣，最後身體的五臟六腑都一一氧化，全身由外至內都變成了一團空氣，輕鬆自在。」

火元素放鬆

「現在感覺一下你身體的體溫，一種溫暖的感覺隨著血液、隨著呼吸帶到身體的每一個部位，每個細胞都充滿了溫熱舒服安詳的感覺。

同一時間，感受一下身體以外的大自然四周，整個環境都充滿了太陽溫暖的能量，太陽的亮光不斷地照耀你化成空氣，身體每個細胞每道毛孔都感受到充分的溫暖能量。

此時充滿能量的身體也逐漸發出光明，從每個細胞深處發出亮光，每個細胞變成了晶瑩透明，釋放出無限的亮光，你的整個身體變成了一團亮光，充滿能量。」

空元素放鬆

「現在感受你身體裡存在的空間：腦部的空間、胸腔內的空間、肺部的空間，腹腔、胃部、腸道的空間，每一個器官、每一個關節、每一個細胞的空間，這些空間都已經被光的能量填滿，每一個充滿光能量的空間都在體內無限擴大、不斷延伸，整個身體像一團亮光不停向外膨脹。」

「身體的疆界逐漸模糊，慢慢地消失，你的身體已經跟外在四周完全融合，你的光充滿在整個空間，亮光充滿了整個宇宙自然，你已經看不見自己的身體。你跟宇宙自然變成一體、變成了純粹的光束，單純的光明。」

「透過生命元素放鬆法，你身體進入一個極度鬆弛狀態，徹底地從上至下、由外至內得到放鬆。你的身體分解為五大基本生命元素，讓你重新認識身體的每一部分，感受身體存在的每項基本元素。藉著當下的體會，使你重新跟自己的身體連結，重新掌控身體的每一個組成部分，再一次成為身體的主人。」

「只有以放鬆的心情，才能真確地感受自己的身心狀況，有效解除顯意識的慣性防衛，這樣潛意識底層的大門便得以打開。身體現在進入一個極度鬆弛的狀態，徹底地從上至下、由外至內得到了放鬆。記得這種放鬆的感覺，在整個過程保持這身心放鬆的狀態。」

「現在想像有一盞古老的油燈出現在你面前，集中精神看著這盞油燈，油燈散射出柔和的光線，照亮你的四周。把注意力集中在光亮的油燈上，光明會一直引領你進入深層的潛意識世界。」

「想像你面前有一道門，一道通往內在潛意識的大門，門並沒有上鎖，只要輕輕轉動門上的把手，便能輕易地推開這道大門。大門後面是一條長長的走廊，一條深而長的白色走廊，兩旁是潔白的牆，天花板是一排排的白色燈管，地面是灰白的合成塑膠地板，這是你慣常看見的醫院景象，也是每次到醫院接受治療時走過的長廊。這裡十分安全，你可以放心沿著走廊慢慢向前行，沿著牆壁上箭頭指示的方向，然後到走廊盡頭的房間，門上寫著『潛意識治療室』。」

你輕輕敲門，門梁上有一盞綠色的燈亮著，代表你可以進入。你已經到達潛意識的自癒室。」

第六章　疾病真面目

認識疾病

我輕輕推開治療室的大門，進入了我習慣在醫院看到的治療室。治療室中央有一張寬大的辦公桌，桌上有一疊厚厚的病歷紀錄，病歷封面上印著病人的名字：鍾灼輝。辦公桌旁的牆壁上有兩個燈箱，放著我右腳踝的光底片，這些底片我已經看過千百遍了。

椅子上坐了一位年輕的醫生，三十出頭，戴著一副黑膠框眼鏡，身穿一件純白的長袍，長得跟我一模一樣，他就是我所尋找的潛意識醫生。我要好好記得這個治療室、這個感覺，因為這裡就是我專屬的潛意識治療室，只要能回到這裡，我便可以找到最可信任的醫生，得到最好的自癒治療。

「醫生您好，我是來治療我的腳踝。」我直接道出來到這裡的目的。

「我知道，這正是自癒室存在的唯一目的。」潛意識醫生抬頭看我。

「那麼，我們可以馬上開始進行治療嗎？」我心急地問著。

醫生搖搖頭說，「在這以前，你必須弄清疾病的真面目，還有何謂真正的自癒能力。」

「疾病到底是什麼？為什麼人的身體會出現這麼多不同的病症？」我問。

「簡單來說，疾病是身體最脆弱的地方，發生了問題。而最脆弱的地方，可能是由遺傳基因或內在心因所形成的。」醫生回答。

醫生繼續說著，「遺傳基因可說是每個人的身體構成藍圖，也是獨特的身分記認，因除了同卵雙胞胎以外，世上並沒有兩個人的基因是相同的。」

科學家於二〇〇三年把人類的基因圖譜解讀完成，發現人類的DNA序列中，平均每一千個鹼基就會出現一至四個變異位點，這些變異位點造就出不同個體之間的差異性，例如身高、體重、長相、體質、性格等等。透過基因檢測，我們可有效分析個人體質，並評估對每種疾病的罹患風險機率，例如心腦血管疾病、糖尿病、癌症等。

「這樣說來，遺傳基因或許會讓身體容易出現某種特殊病變的傾向。」我說。

「基因科學可謂是改寫了人類對健康與疾病的看法，讓人有機會在疾病尚未發生前，就做好風險管理。」醫生說。

「所以，如果我能夠了解自己的遺傳基因及患病風險，便可及早做出適切的治療與健康管理，延緩、甚至避免各種疾病的出現。」我回應說。

「遺傳因素只是患病的傾向性因子之一，而不是唯一的決定性因子。環境因素中的空氣或食物污染，也讓某些生理系統容易出現毛病或感染。另外，身體所受過的勞損或生理傷害，同樣也會釀成身體上的患病缺口。」醫生補充說明。

「也許基因技術的急速發展，使人能更有效預防及對抗各種疾病，只是罹患長期病、慢性病的人數卻沒有顯著下降，相反更有上升的趨勢。」我不解地說。

「雖然遺傳基因從先天上，決定了此人在體質上會否特別容易罹患某種疾病，但還需考慮另一個同等重要的患病因子，那就是人的內心個性。個性就好比是內心的組成基因，如果說一個人的性格能決定他的命運際遇，同樣地，一個人的個性也可以決定他所罹患的疾病類型。」醫生進一步解釋。

「這個意思是，在後天性格上，個性與價值觀也決定了此人罹患不同類型疾病的機率。」我點頭表示明白。

「一些專門研究心因性疾病的報告指出，不同類型的疾病各有其所屬的性格特質，所以患病與否，及患病的類型，也可判斷出患者本身的性格類型。」醫生向我列舉出一些例子做說明。

潰瘍性疾病常見於消化系統，如口腔、食道、胃、十二子腸及大腸潰瘍。罹患潰瘍性疾病的患者，往往伴隨著過份自我控制的性格，喜歡把自己設定在一個充滿鬥爭評比的環境裡，久而久之，內心積存了高劑量的憤怒與憂鬱，因為無從宣泄而對身體進行反撲，所以產生了「火燒心」等消化系統潰瘍病變。

心腦血管疾病的患者，包括高血壓、心肌梗塞、腦中風、冠狀動脈疾病等，他們多擁有俗稱的「A型人格」，而A型人格亦被喻為現代成功者的性格特質。這類患者的性格，通常十分固執、缺乏彈性，做事非常認真。他們有很強的時間觀念，不但做事急躁，常在別人談話時搶先掌握主題，就連食飯喝水也都比別人快。他們可以同時思考並執行好幾件事，常對事情進度感到不耐煩，不忙於工作時，更有隱然若現的罪惡感。此類患者的血管長期處於高壓狀態，容易造成心腦血管病變。

腫瘤或癌症患者的性格，則多屬克制謹慎，慣於壓抑感情，不擅表達內心想法，特別是表現在與身邊親人伴侶的關係上。他們喜歡和人做比較，擁有完美主義傾向，因此常出現不安或無力的感覺。由於長期處於不滿自己或不滿現狀的狀態，令其壓抑著的負面情緒容易失控，並且自我複製，最後形成腫瘤，入侵其他正常細胞或器官。

「看來，不同個性真的會為人帶來不同形式及程度的心理壓力，最後在身體形成不同的脆弱部位。」我回應説。

醫生輕輕地點頭，「每個疾病都有其獨特心因與象徵意義，都是潛意識的訊息載體。只有了解疾病的真正目的，成功解讀其背後意義，以及找到心理壓力源頭，病者才有機會得到真正的療癒，疾病也才會甘心離去。」

「沒錯，當疾病的任務完成，很多時候疾病便會自動消失，甚至是不藥而癒。」

我想起心理分析師曾經這樣跟我解釋過。

萬病之源

「身、心的組成基因會不斷互相影響，導致身體出現一個脆弱缺口，只要稍加壓力，那將會是疾病的最終患處。對於壓力而言，哪裡是身體的脆弱部位，壓力一點也不在乎，因為壓力總是能找到最容易宣洩出去的破口。」醫生說。

「雖然這有點像雞和雞蛋的先後關係，但壓力好像才是壓死駱駝的最後一根稻草。」我比喻著說。

「幾乎所有疾病或健康問題，都和壓力有關，壓力可說是萬病之源。」細胞生物學家布魯斯．立普頓博士曾發表報告指出，至少百分之九十五的疾病與病痛，都是由壓力所引起的。醫學界也清楚指出，絕大部份的疾病或身體問題都和壓力有關。

「很多人以為，壓力不過是一種不舒服的主觀感覺，但壓力其實是有明確生理機制的身心反應。如果想要了解壓力反應，就必須深入我們的神經系統。

神經系統的主要功能，就是讓我們能夠因應外界的環境變化，從而產生適當的身體反應，並且有思考、記憶及情緒變化的能力。而不正常的壓力反應，則可說是自律神經失調的後果。」醫生說。

神經系統可分為中樞神經系統（大腦和脊椎）和周邊神經系統（軀體神經和自律神經）。絕大部分的人體神經系統皆為自律神經，即不需經過思考，不受意識操控，由身體自行運作的自動反應。在任何時刻，人體超過百分之九十九的生理機能，都是由自律神經所控制。

自律神經的功能，主要在於調控內臟器官的平滑肌運動，以及負責內分泌腺體產生荷爾蒙激素，比如是呼吸、心跳、消化食物、排毒復修等過程。自律神經中還分成了『交感神經』與『副交感神經』系統。

「交感神經好比是身體裡的催油門，負責衝鋒陷陣，在生命受到重大威脅時，發揮出極重要的警報及活命本能。當交感神經被激發時，心跳會加速、呼吸變快、排汗量增加，使身體進入戰鬥或逃走模式。

相反地，副交感神經有如是身體裡的煞制器，掌管休息、生長、和修復等功能，並對人體的免疫系統起到了關鍵作用。當副交感神經發揮作用時，心跳及呼吸會減慢，肌肉可以得到舒緩，人就會處於一種比較放鬆的狀態。」醫生解釋說。

「所以，身體的機能正常運作，全賴交感神經與副交感神經的合作協調，以達到穩定與平衡。」我表示明白醫生的意思。

「交感神經系統在生命受到重大威脅時，可以發揮了極重要的警報作用，可以說是一種活命本能。身體在面對過多壓力時，所產生的過激反應，很多時候也是來自交感神經系統。」醫生說。

醫生繼續解釋，「人一旦進入戰或逃的警備狀態時，身體便會保留絕大部份能量，用於對抗或解除即時的生命威脅，各項生理系統也會作出配合部署，使血液流向出現重新調整。血液將重點被分配到肌肉作相應行動，減少流到胃部作消化食物，減少流到腦部作創意思考，也減少流到腎臟或肝臟作過濾排毒，因為如不能在接下來的幾分鐘活命，其餘的生理系統都是多餘的。」

「因為潛意識希望將所有的能量和資源都用在活命之上，所有非必要的身體功能都會暫時被關閉。」我回應說著。

「而首當其衝的就是免疫系統。腦部會透過樹狀突細胞，直接連接到免疫系統，傳遞關閉和停止的訊息。因為免疫系統會消耗大量能量，其主要作用是對抗細菌、病毒、黴菌，殲滅異常細胞，以及復修受損細胞，這些都是重要但卻非必要馬上進行的任務。如果長期處於壓力狀態下，身體器官與生理系統便會受到損害。」醫生說。

「所以，壓力會導致自律神經系統產生失衡，讓身體進入封鎖狀態。在壓力底下時，細胞會暫停接收營養或補給物質，也不會清理廢物或毒素，連帶療癒及復修工作也需暫停。這樣細胞和系統內會造成有毒環境，並缺乏營養供應。當體內的某項機能出現故障時，便會顯現為症狀，只要多幾個症狀跑在一起，便形成疾病了。」我恍然大悟似地說。

醫生比喻說，「這情形就有如一座城堡受到攻擊，城內警報響起，所有城門通道就會封鎖關閉，不只當值人員要各就各位、高度戒備，就連正在睡覺及用餐的後備人員，也必須加入備戰，不會有人運送糧食，也不會有人清倒垃圾。」

舉例來說，胃病是跟壓力有密切關係的疾病。在面臨壓力時，身體首先會減少血液的輸送，讓胃壁肌肉張力下降，阻礙整個消化功能。由於食物長期滯留在胃腔，胃壁細胞容易受到胃酸損害，引發炎症。另外，壓力亦令胃壁細胞的療癒系統處於待機狀態，未能進行有效保護修復。如果患者只靠著吃胃藥來抑制胃酸分泌，以減低不適感覺，雖然症狀是被掩蓋了，但根本問題卻從沒有得到解決，疾病反而會在患者不自覺的情況下，繼續發酵惡化。胃酸的減少，讓食物滯留在胃的時間更久，食物就更難以被消化，而且累積的外來細菌，也無法被足夠的胃酸消滅，造成免疫系統進一步負擔，這可說是一個惡性循環，最終招致潰瘍或癌變。所以，抑制病狀不等於解決了病源。

「惟有當自律神經系統可以取得平衡時，身體才是處於生長及療癒的狀態，也就意味著擁有健康。」醫生總結說。

「那壓力的主要來源又是什麼？」我心急地問。

「壓力大致可分為兩大類，分別來自外在環境與內在想法。當身處於脅迫、危險、或困難的環境時，人便需要提高警覺，隨時準備應付突如其來的難題。另外，當經歷內心矛盾或積存大量的負面想法時，思想便會出現混亂，不安及驚恐等負面情緒亦隨之而來。」

「完美主義者就是最明顯的例子。」我突然想起一個認識的個案。

「沒錯，完美主義者通常對外在世界都有著不切實際的期望，對自己抱有過高的要求，喜歡到處比較及抓錯，結果形成巨大的生活壓力。」醫生同意說。

「壓力如果沒有及時妥善處理，就會像滾雪球般，愈滾愈大，變得一發不可收拾。疾病只是壓力的表現形式之一，壓力也常表現在人的情緒、人際關係、工作、學習、睡眠質素、甚至是夢境等。」我說。

很多時候，即使身在壓力底下，本人卻往往並不自知。有一項利用心率變異度（心裡增減與呼吸模式之間的關係）來測試生理壓力的研究就發現，大概有九十％以上的人正身處於自律神經系統失衡狀態，但卻說自己並沒感到壓力。

「其實，壓力並不是好或壞的東西，只是一種與生俱來的自我保護機制。但如果長期處於壓力反應底下，又或在不該出現壓力的情況下產生壓力，那便會對身體構成嚴重損害。」醫生提醒說。

我點頭表示同意，「有時候，壓力可以是一種動力，能驅使人集中精神，在最高能量的狀態下應付困難。又有些許時候，壓力只是潛意識向我們發出的警號，提醒我們要調解內心的矛盾，並處理來襲的威脅與恐懼。但如果我們對這些壓力訊號視若無睹，久而久之，便會形成損害身體的病徵。」

「如果能從一開始便解讀出這些病徵的背後意義，並妥善處理壓力源頭，或許疾病便不會形成，或發展成難以根治的頑疾。」醫生補充説著。

「所以，許多的疾病根本是沒有必要、及可以預防的。」我説。

這一次的對談，讓我對疾病的成因，又有了更深的認識。

個案參考　完美主義

美兒的母親是一位要求很高、很嚴格的老師，母親自小對美兒很少讚美，只不斷挑剔她那裏有做得不好、不夠完美的地方。美兒記得有一次她的中文科考試拿到九十九分，母親的反應是不斷搖頭及露出失望表情，還責怪她因一個錯別字而拿不到滿分。

美兒為了滿足母親對她的要求，自小養成一個習慣，就是尋找自己不足及做錯的地方。在美兒的信念裏，她必須表現完美才能獲得別人的肯定與愛。這種自我鞭策的方式，令美兒在學業上取得極優異的成績，但是相反地，她的人際關係卻不甚理想，也沒有幾個真正談得來的朋友。

美兒在大學以一級榮譽畢業，之後加入了國際性會計師事務所。她工作十分勤奮，常超時加班工作，三餐都是以簡單的快餐為主，並沒什麼營養可言。在加入公司不到五年的時間，美兒已兩度獲得晉升，因為考查核對一直是她的強項，所以她的工作表現十分出色。

長久以來，美兒都是處於一種對自我不滿的狀態，過得一點也不快樂。她總愛把一切事情怪罪於自己身上，對小小的錯誤耿耿於懷，過度地自責。當一切都很順利時，她總覺得還有哪裏有不對勁，擔心一大堆可能發生的壞事情，如果壞事情真的發生了，就正好證明她的擔憂是正確的。

即使站在鏡子前面時，她也常會覺得自己的身材或樣貌有哪裡不完美，吸引力總比不上別人，更十分害怕被人拒絕。她就是為了不被拒絕，而選擇與異性保持距離，結果難以建立親密關係。

在她第二度獲得晉升的時候，她已經出現了嚴重的情緒及身體問題。她感到了身心疲累不堪，思想一刻都停不下來。在巨大的生活壓力下，她的焦慮及憂鬱情緒到了難以控制地步，感覺自己像一條快要斷裂的橡皮圈。

身體上，她常有腹脹及消化不良問題，更困擾她的，是長期便秘的問題，有時候她要三、四天才能上一次大便。在最近一次的大腸檢查中，醫生於她的直腸多處發現瘜肉，化驗結果更顯示了癌病細胞，因而被診斷為二期大腸癌症。而恰巧的是，她的母親也是早年因大腸癌病過世的。

美兒的癌病結果，到底是如何造成的？簡單地說，遺傳基因（先天身體機能構造）跟長期的不良飲食習慣（後天外在環境條件），都嚴重地削弱了她的腸道健康，並形成了一個容易斷裂的缺口。而完美主義的個性及錯誤信念，則好比壓力的利刃，劃在她身體最脆弱的腸道上，從而引發了癌病變。

第七章　潛醫識

認識治療

「明白疾病的真面目只是治療的第一步，接著你要認識何謂真正的療癒。」醫生說。

「如果以西方的醫學角度，療癒就等於是所有的病徵病狀都消失吧。」我說。

「西醫著重疾病的診斷與針對性治療，擅長運用藥理快速移除或抑制症狀，例如高血壓便使用降血壓藥，疼痛使用止痛劑，發炎使用抗生素等。但真正的治療應該是深入疾病的核心，把致病的身心病源清除，而不是只針對病源引發的外在徵狀。」醫生說。

翻看人類的治病發展歷史，人首先是透過宗教或信仰尋求治療力量，祈禱、巫術、儀式等就是當時的主要治療手段。之後，人類發現大自然的草本植物蘊含著調節身體的療效，草藥就被廣泛應用作治病藥物，中醫便有幾千年的草藥應用歷史。但隨著科學與西方醫學發展，大量的藥物及化學合成品如抗生素、類固醇、營養補充劑等，紛紛被研發出來對抗疾病，變成治療身體的黃金藥物。另外，外科手術與放射治療的迅速發展，也提供了有效方法移除威脅身體的各樣不良物質。

「如果只是靠吃藥來抑壓病狀，或以外科手術移除問題部位，這可能只是一種治標不治本的處理態度，感覺就像是在治療結果，而不是真正的病源。」我明白醫生的意思。

「西醫的治療已日趨細分及專業化，總是把複雜的問題簡單化，或將多元變數簡化成單一變數，只針對不適部位聚焦處理。這種專科專責系統模式，對單一病症的患者或能提供高針對性的專業治療，可是當面對同時具備多種病症的患者，這種各自為政的體制，卻嚴重忽略了病人的整體性需求。」醫生說。

「畢竟人體器官並不是各自獨立運作，而是各生理系統互相依賴的一個整體。」我回應說。

我回想起每次到醫院看診時，我的身體就像被分割成許多不同的部分，然後按病況被分派到不同的專科部門。例如，右腳踝的骨枯由骨科負責，左膝韌帶的斷裂屬運動創傷科處理，骨枯所引發的長期疼痛則交由痛症專科照顧，憂鬱症被歸到臨床心理科等等。每當專科專屬的制度出現互不協調的局面時，因為缺乏了統一的決策與監控，這不但令治療成效受到影響，更讓我感到無所適從、呼救無門。

「醫藥進步確實有效地延長了人類的壽命，對急性的創傷或惡疾，帶來治療新希望，並成功拯救許多寶貴的生命。只是，人類的健康並未因此而得到徹底改善。相反地，慢性及長期疾病持續困擾人類，更有不斷年輕化的趨勢，較為明顯的文明病包括心臟病、糖尿病、中風、新陳代謝失調、自體免疫系統疾病、及各類情緒病等的患病比率越來越高，就是最好的證明。」醫生慨嘆。

「我記得心理治療師說過，健康不只是身體上的表象，也同是心理狀態的反映，兩者本來就是一體的，彼此互相影響、共生共存的。」

「現代人的精神健康十分貧乏，不但過得比從前不快樂，更從未如此對未來擔憂，及承受巨大生活壓力，這些都是現代醫藥無法治療及改善的。」醫生說。

醫生繼續說，「如果你想要回復健康，並得到徹底療癒，就必須從生活上全方位的改變與配合，透過改善作息、適度運動、攝取正確營養、徹底改變心念，才能將疾病連根拔起。」

「我知道了，我真正需要的是一套身心靈的整體治療方案，重新啟動生命的自癒復修能力。」

我終於明白，智慧老人之前要我做的那些事情的真正意義何在。

自癒能力

「生命到底有多大的可能性與力量？人體本身就是最好的答案。」醫生從生命的創始本能說起。

人體就是由一顆受精卵開始，透過不斷的細胞分裂、分工重組，最後衍生而成的複雜生物體。人體由差不多兩兆個細胞組成，不但擁有高度的思考智能，還存有豐富情感，在每個細胞裡隱藏的都是無盡潛能。

在奧妙的人體裡，到底誰在背後掌管一切？其實，真正在掌控人體機能、主導思想行為的是潛意識。從人出生那一刻起，潛意識便肩負起這個重任，人體的生理機能，像呼吸、心跳、循環系統、分泌系統、神經系統等，其實都不需透過意識來操控。你不需主動地調控血壓的高低，不需安排荷爾蒙的分泌，更不用擔心感官資訊的傳遞。這一切都由潛意識掌控，不但管理得有條不紊，各系統更是配合得天衣無縫。

「而最重要的，潛意識還肩負了保衛者與修復者的角色。當身體受傷破損或罹患疾病時，潛意識便立刻在問題部位啟動自癒功能，保護破損的細胞組織，並抵禦細菌病毒的入侵。免疫系統裡的白血球與淋巴細胞，就是身體裡最忠誠的士兵，時刻盡忠職守地執行保衛任務。自癒功能亦會透過新陳代謝，把殘破的細胞分解再造，通過免疫系統讓受損的部位修復，擁有神奇的復元能力。」醫生說。

「所以，潛意識裡的免疫與修復系統，就是人體真正的自癒能力所在。」我說。

醫生點頭同意。「我稱這為『潛醫識』。潛醫識不但可以協助修補受損的細胞與器官，更能重新組織或再生原本不可修復的部位，小如毛髮，大如器官與骨骼，令身體可以如常運作，健康成長。這就是生命所擁有的無窮力量，也是生命的奧秘所在。」

「潛醫識，代表了潛意識裡的強大自癒能力。」我重複地唸著這個創新的名詞。

「儘管身體擁有強大且完善的自癒能力，但並不代表人可以百毒不侵、永遠健康。生命　雖有強盛的一面，仍舊逃不過大自然的規律：生老病死，生死有時。」醫生補充說。

「但在死亡的限制下，生命還是有著無限的未知與可能。」我回應說。

「許多醫學奇蹟，比如罹患癌症末期的病人，在無藥可救、無計可施的情況下，最後竟能奇蹟般地康復，癌腫瘤突然消失，衰敗器官奇蹟復元。這些醫學案例正好印證了你所說的無限可能。所以相信生命，就等於相信奇蹟，相信生命的強大力量。」醫生說。

神秘能量管道

「我開始為你診斷身體的受傷狀況吧。」醫生替我進行詳細檢查。

「你左膝蓋部分的韌帶，同時出現了不同程度的破損，其中內側與後十字韌帶已經徹底扯斷，若要進行修補復健，就必須先清除受損組織的瘀血積水。你曾經嘗試過多種消腫退瘀的方法，包括針灸、推拿、中草藥熱敷，或是物理治療的壓力氣墊等等，可是都沒有任何顯著成效。幾個月過去了，膝蓋的部位還是腫得像個小皮球似的。你必須繼續以水療方法消腫退瘀，再考慮接受外科重建手術，以恢復膝關節的穩定性。

但相對來說，膝關節是比較容易處理的部分，我建議還是先集中治療你右腳踝的缺血壞死狀況，因為時間拖得越長，壞死情況將越嚴重，復元就越困難。你必須明白骨頭裡的血管已經徹底斷裂了，重建血管已是不可能的事情。」

「如果無法重建血管，那還可以怎樣把營養及氧氣送進枯死的骨骼裡去？」我不解地問。

「如果從西醫的角度，血管當然是唯一的輸送管道，而血液當然是乘載生命養分的唯一載體。只是，人體的運作構造遠比你已知及想像的精密奧妙。」醫生說。

「你的意思是，除了血管及血液外，還有別的途徑，可以把生命養分送進枯死的骨骼裡嗎？」時隔已久，我終於再次感受了一絲希望。

「受傷期間，你不是也曾接觸印度的阿育吠陀醫術與中國醫學嗎？這兩派古文明醫學，都分別指出，身體裡其實存在血管以外的能量管道。而且，血液也並非是唯一的養分供應來源。」醫生向我詳細講解兩派的醫學概念。

阿育吠陀醫術（意即生命及長壽科學）認為，人體裡有過百條氣脈存在，其中最重要的三道能量通道，分別為中脈、左脈、與右脈。中脈就像是一道環狀能量管道，是身體的能量中軸樞紐，決定了體內所有臟俯和氣脈的能量流向。中脈不依隨脊椎的路徑，不會隨著脊椎彎曲，由頭頂（百會穴）連至會陰（肛門與生殖器的中間點），上貫天、下連地。至於左脈與右脈，是夾持在中脈兩側的兩條能量通道，從脊椎尾端開始，蜿蜒繞著脊椎。左脈自左向右盤旋，開竅於右鼻孔，下通右睪丸，而右脈則自右向左盤旋，開竅於左鼻孔，下通左睪丸；如女性則下通子宮。

「阿育吠陀指出，我們的身體可讓能量流經及流入，中脈與左右兩脈在脊髓上共有六個交會點，三脈的交會點則稱為脈輪。脈輪就像是圓輪一樣的能量漩渦，既掌握了組織的能量交滙中樞，也驅動著生命能量進化的圓滿過程。三脈七輪組合成生命的完整能量系統，提供了身心靈各層次所需要的生命能量。」醫生解釋說。

「所以，我們可以把身體想成一個四通八達的網絡，生命能量可以通過三脈七輪，或於許多的邊陲道路運行輸送。」

我嘗試去感受身體裡的三脈七輪，只是好像什麼也沒感受得到。

醫生提示說，「由於三脈七輪並非由身體物質組成，即使在人體的解剖過程中也無法發現，只有在生命能量波動時，透過內心精細敏銳的感受，才可察覺到三脈的真實存在。」

「原來如此。」

醫生繼續解釋說，「同樣地，中醫從大量的臨床觀察中發現，人體裡存在一些縱貫全身的主幹路線，而這些主幹道上又再產生更多的分枝，形成一個縱橫交錯、循行全身的經絡系統。經絡系統縱橫交貫，遍布全身，將人體內外、臟腑、肢節聯成為一個有機的網絡整體。」

早在二千五百年前，中國古代的醫學文獻《黃帝內經》就已提出了經絡的概念。經絡由十二經脈、奇經八脈、十二經別、十二經筋、十二皮部、十五絡脈，以及無數的孫絡和浮絡等組成。而「經」就是路徑的意思，屬縱行的通道；「絡」則意指網絡，屬於經脈的分支。中醫認為經絡是負責運行全身氣血，聯絡臟腑形體官竅，溝通上下內外，感應傳導信息的網路系統，可說是連結人體的重要組成部分。

「經絡雖然像一個管道系統那樣輸送氣血，但它並非一個血管系統，亦沒有實質的管道結構。至於氣血，所指的並不是血液，也不是呼吸的空氣或氧氣，而是具有更深層意義的元氣、真氣。中醫視血氣為生命之本源能量，有謂氣聚則生，氣散則亡。」我因為之前曾接受過不少中醫方面的治療，而對中醫有一些基礎的認識。

「你說得沒錯。中醫認為氣不但具有生命活動的功能，也是人體臟腑傳出的生命訊息。當器官發生病變時，細胞之間的電位差會出現改變，從而影響細胞膜的通透性。西方醫學界稱氣為「生物能」，是人體器官產生的一種生理波。」醫生補充說。

「只是目前的醫學研究，同樣仍未能以解剖技術確切地找到經絡的存在。」我說。

「如利用先進科學測量儀，便可檢測到血液流動速度，並計算出細胞間隙的帶電組織液流動。這或許間接證實了人體裡氣的流動及氣道的存在。」醫生回應。

「不管從阿育吠陀醫術或中醫角度，身體裡其實存在許多隱藏的能量管道，這些神秘管道雖不是由有形的物質組成，但卻是負責傳輸比營養及氧氣更為重要的生命能量。」我總結說著。

「所以，你需要在右腳踝關節建立一個能量交換系統，把生命能量重新輸送到正在枯萎的骨骼，讓骨骼重生復元。」醫生說出了最終的治療方法。

第八章　能量治療

醫生向我講解接下來要做的能量治療將要如何進行。

「愛因斯坦說過，所有物質皆為能量。所以健康問題也可被視作是身體上的能量問題，想要根治疾病，就必須治療身體的能量頻率，把細胞從破壞性能量頻率，轉化為健康療癒頻率。」

量子物理之父普朗克博士指出，世界上根本沒有「物質」這回事，萬物皆是由快速振動的量子頻率組成。振動頻率低的東西便是所謂的有形物質，例如石塊、木頭、或人的身體等。振動頻率高的東西則成了無形物質，如看不見或觸摸不到的思想、感覺和意識。所以有形和無形的東西皆同是能量的顯化，分別只在於振動頻率的不同而已，因而產生了不同意識或不同形式的存在。

「人同時存在於有形與無形的世界裡，好比是頭頂上的無形天空與腳底下的實質大地。人體亦同時擁有這兩類不同振動頻率的東西，既有物質化的肉體，也有高層次的靈性靈魂，兩者雖以不同的形式存在，但卻非毫無關連，因為能量是互通共融的，所以彼此會不斷互相影響。」醫生說。

「所以不管人也好、大自然世界也好，其實都只是一種振動頻率或能量。」我回應。

醫生點頭同意說，「當振波以穩定的模式重複運行，通過時間便會形成獨特的節奏。在大自然世界，我們隨處都可以找到這種分明的節奏，如四季轉換、日月更替、或潮汐漲退等。」

「之前我放棄了所有治療，每天待在公園裏發呆，什麼也不做、什麼也不想。但就是在那時候，我重新看到何謂大自然生命的節奏。」我回想地說。

「其實你也能在人體裡找到這些生命的節奏，例如是女人的月經，身體的作息、呼吸、或心跳等。沒有人能逃脫這些生命的節奏，從出生時最初感受到母親子宮的收縮，到瀕死時最後的喘氣與抽搐，人一直都是依從節奏舞動的生物。節奏可說是一切生命和意識的根本面向。」

「所以如果人體健康出現毛病，也會從身體的振動頻率或節奏顯現出來。」我說。

或者，可以把人體健康比喻成行駛中的車輛。車輛的行駛主要靠引擎來發動，但引擎卻是由眾多不同的部件組合而成，包括活塞、氣缸、注油系統、燃油、壓縮氣體、點火塞等。經過汽車電腦的精妙安排，各部件配合得天衣無縫，共同完成了極為複雜的發動工作。

車輛行駛時，駕駛者一般只會感受到引擎的震動或聽見引擎的聲音，即使把車頭蓋揭開，也不會看見引擎內部的零小部件，又或是引擎的內部分工運作。但憑藉引擎的振動頻率，駕駛者卻可馬上判斷車輛是否運轉暢順，如果引擎出現異常的震動或聲音，即表示某個地方出現了問題。」

「所以引擎的聲音就像是人體的振動頻率，而那些零部件就好比是身體裡的不同器官組織、甚至是組成的基本生命元素。」我說。

醫生繼續說著，「整體能量振動的總和就是人體的『氣場』，那是一種集體共振後產生的節奏，當中包含了內在所有層次的振動波幅，可以反映出不同面向的生命訊息。」

「就跟車子引擎的綜合振動波幅一樣。」我比喻說。

「說得沒錯。氣場屬於一種精微能量的振動場域，包裹著生物體的有形物質次元，也被稱為『空』元素。只是，氣場一般難以用視覺觀看得到。」

醫生突然把右手掌伸向我的胸膛，在快要觸碰到我之前停下，然後在空氣中輕輕用力一按。我看見自己的身體正被一層邊緣模糊的光環包裹著，光暈裡有著如同彩虹般的繽紛色彩，和諧的融合在一起。

「難道這就是氣場嗎？」我驚訝地說道。

「你看看右腳踝的氣場部分。」

我看見右腳踝上的氣場亮度明顯比較薄弱，就像整個氣場中突然缺了一角，而且氣場顏色也變得暗啞，看上去並不均衡調和。

「好像是一道暗啞的彩虹，而且當中的紅色部分消失了。」我擔憂地說。

「紅色代表身體的地物質元素，如骨骼、肌肉、皮膚、血管等。」

「所以觀察一個人的氣場，便能看出他的健康狀況。」我恍然大悟。

「人在生病時，疾病首先會在氣場上顯現，之後才透過病徵，呈現在身體組織，讓人察覺問題所在。」醫生把手收回，我身上的氣場同時間消失不見了。

醫生繼續說，「想要治療疾病，就必須把受損部位的頻率調回健康及療癒的狀態。」

「但如何才能做到調頻療癒？」我不明白。

「你有沒有聽過物理學上的同步共振？就是當兩個不同的頻率或聲音相遇時，兩者便會產生共振效益，同頻共振。其實，頻率或節奏同步化的現象，也常出現在我們的生活裡，接觸得越多越頻繁的人，彼此的精微能量振動會互相影響，並逐漸同步。例如，長久一起居住生活的女性，可能會同時來月經；同一公司的老員工，會出現類似的思考方式或說話節奏。所以我們的生理與心理，都會受到別人及環境的節奏影響而產生變化。」醫生解釋說。

「聽起來有像是所謂的適應能力。」我回應。

「說得沒錯，適應能力就等於是我們能否跟所處的環境同步共振。只是現代社會生活急促，節奏混亂，我們容易受刺激或被刺激，引起過敏及過激的反應。這嚴重影響到身心的和諧節奏，引致思想、行為、和情緒上出現混亂，繼而影響到我們的作息、飲食、家庭、工作、和人際關係。久而久之，這便形成一個惡性循環。」醫生說。

「所以當感到煩亂或疲倦時，最有效的改善方法是走向大自然，用心感受大自然世界的和諧與寧靜頻率節奏，好讓我們的身心也跟著同步調頻。慢慢地，大自然的節奏也變成了我們的節奏，使我們從躁動紛亂變得寧靜自在。」我回應說。

「同樣道理，你必須在潛意識世界創造療癒性的心念力量，再次振動復甦你的右腳踝關節，令枯萎的骨骼同步調頻，從而修復重生。」

心念的力量

「在潛意識世界創造療癒性的心念力量。」我重複醫生的意思。

醫生比喻說，「你需要運用『念力』與『夢境』，繪畫出一幅充滿生機的大自然療癒圖畫。」
「運用念力與夢境便能開啟自我療癒的力量。」我感到有點不可置信。
「在潛意識裡，念力就是創造與建構的力量，夢境意象則是傳遞頻率訊息的媒介。」醫生同樣以比喻回答。
「到底什麼是心念的力量？」
「簡單來說，念力是藉控制心靈意念所引發出來的超常力量。人可以透過意志力或特殊意識影響事物的運動規律，如控制事件、隔空移物或折彎鐵匙等，或是改變物件的物理狀態，以產生高熱、低溫、電磁波等。但除了改變物件的物理狀態外，念力還可以改變人體的生理系統或生物能量，從而替人做身體治療或修補破損，就如傳說中的巫醫術士一樣。」
醫生說畢，突然從衣袋裡拿出一支鐵湯匙，然後聚精會神地看著，不消一刻湯匙竟緩緩的向下彎曲起來，簡直就像是魔術表演一樣。
我變得十分好奇，「那麼念力是從何而來的？」
「這一切需由心念說起，因為這是念力的根本來源。」醫生解釋。

心念是指出現在潛意識裡的所有念頭，可能只是一個普通的想法，一種喜或悲的情緒感受，一份過去的回憶，未來的憧憬，又或是一個天馬行空的幻想意念。有些心念是人自覺的，但更多是人根本不曾察覺它的存在。心念的出現就好比香檳裡的汽泡一樣，一個接一個的從水中冒起，緩緩升到水面後破滅消失。然後，後面的汽泡又再湧現，再衝上、再破滅，無止無盡似的。

「當靜心觀察時，你會發現有些汽泡長得比別的大，有些走得比別的慢，有些像單獨而來，有些像結伴而去。有些比較難纏的汽泡一直賴著不走，好像想要得到你的注意，有些卻在你未及注意之時，已經消失無蹤。」

「所以心念跟這些汽泡一樣，不知從何而來，又從何而去。」我回應。

「多數的念頭想法都是瞬間出現，又轉眼即逝，無聲無息飄至，未及察覺便消失遠去。這些心念看似雜亂零散，其實都是從潛意識裡孕育出來的。它們當中有著千絲萬縷的關係，一點一滴形成了整個潛意識的根本內容。

雖然說心念是由你內心製造出來，是潛意識的組成部分，卻並不代表你。如果把潛意識視為一片廣闊的天空，心念就是飄浮在天空中無數的雲朵。天空裡有白雲，有烏雲，有雨雲，時而聚，時而散，形態變化萬千。但真正的內心世界其實是底下那片蔚藍的天空，而不是任何一片雲彩。」醫生在空氣中畫出一朵雲兒。

「同樣地，海洋裡有各式各樣的魚，任何一條魚都是海洋的組成部分，沒有一條魚可以代表整片海洋。」我也比喻說。

「理論上，心念只是短暫浮現的過客，不應留下任何痕跡或影響，如一葉輕舟去，過水不留痕；如一抹雲霞飄，破空返自淨。但當你在意於任何一個念頭時，便會把那念頭吸引、捉緊，注意力彷彿成為那念頭的生長養分，讓它不斷繁衍並茁壯成長。」

因為在人的認知思維裡，人事物不是單獨存在的，而是以一個關聯網絡形式呈現，如紙張這個意念，便可以跟筆、書本、學校或考試等結伴同來，如繼續擴散，便可延伸到記憶中考試失敗的經驗、家人的責備、自我的嚴苛批判等。一念能引發一連串連鎖反應，最後形成一個包含情緒、情境回憶的強大思維網絡。

所以，一念可以輕易形成一個風暴漩渦，正因為心念擁有這種不斷自我複製、反覆回饋增強的特質，使心念的力量得以無限擴大，形成潛意識裡的另一股潛藏異能。這可說是人類內心的秘藏力量，跟身體的物理力量同等重要，只是一直沒有被我們好好開發利用而已。」醫生解釋。

「但如何才能有效運用心念的力量？」我不解。

「雖然念力跟體力同是能量運用的表現，但兩者的性質有很大的差異。體力是屬於剛陽性力量，受意識情緒及肌肉骨骼所控制支配，而念力則屬陰柔性力量，以潛意識驅動，在身體放鬆的狀態時最能發揮。只有理解念力的本質與運作原理，才能破解念力的秘密，開啓潛意識的念力大門。」

「你還記得經歷瀕死時靈魂離體的感覺嗎？」醫生問。

「當時只要我的心念一動，便能感應或傳遞想要的訊息，我不但可隨意飄移自己的靈體，更可以移動或穿越任何物件，所有的事物像脫離了物理的常規運作一樣。」我回答說。

「當脫離身體束縛時，人反而更容易體會到內心的力量，當理智與意識的控制消失時，潛意識的力量才能真正顯現。」醫生說。

「的確是這樣，我那時候的感覺是輕鬆自在的，好像越輕鬆便越能使出意念的力量，越專注集中，念力的效應便越強。」

「所以你必須先解破念力底下的運作原理，才能有效運用念力作自我療癒。今次會面的時間差不多結束了，我們下一次再繼續吧。記著，你的康復絕不是一個短暫的過程，而是遠比你想像中的漫長與艱苦。這是一次對信心、耐心與決心的最大磨練與考驗。」醫生最後說。

「我一定會把答案找出來的。」我有信心地說。

接著，我便離開了自癒室，沿著來時路，看到同樣的燈光與天花板，踏著同樣的塑膠地板，回到那一扇通往深層潛意識的大門。我再次轉動門上的把手，離開潛意識的世界。

這次與潛意識醫生的會面暫告一段落，我開始催眠導出的程序：

「現在輕輕閉上你的眼睛，慢慢從潛意識的世界回到清醒的狀態，留意你的呼吸，感受你的身體，你的感覺亦開始慢慢恢復過來，五官五感逐漸恢復敏銳。現在從一數到五，當數到五後，你將會完全清醒過來，頭腦清晰，思考敏捷，精神飽滿。一，二，三，每一次的呼吸都讓你更清醒，知覺更敏銳，你已經帶著自癒的能力回到清醒的狀態裡。四，五，你已經完全清醒，完全地清醒過來，精神飽滿地清醒過來。」

我再次睜開眼睛，回到了清醒的現實世界。

四周出奇地寧靜，房間仍維持著催眠前的模樣，微弱的燈光正從小燈泡散射出來。牆上的掛鐘剛好指著一時正。在潛意識的世界裡，時間彷彿以不一樣的速度流動著，我根本感覺不到所謂『時間』的東西。

第九章　念力金字塔

吸引力法則

接下來的幾天，我努力尋找念力底下的能量來源與運作模式，把瀕死經驗跟認知心理學相互結合，卻一直無法看透箇中的奧妙。我暫時放棄了思考，請媽媽把我推到咖啡館，我想要喝一杯香濃的咖啡，清醒一下頭腦。

我一邊喝咖啡，一邊翻閱雜誌架上的旅遊書籍，十分渴望可以再次出外旅行。我看到一篇介紹埃及古文明的文章，文章上說埃及金字塔並不是陵墓，而是一座大型發電廠。我被這題目深深地吸引住，仔細地讀下去了。

文章這樣寫道：「考古學家發現金字塔的外壁覆蓋著厚厚的石灰岩石，岩石之間結構非常緊密，且具有極高的絕緣性，這樣的絕緣性確保金字塔內部的電流不會流失。相反地，金字塔的內部則是由另一種石灰岩組成，內部的石灰岩含有水晶和少量金屬，使其具有高度的導電性和能量傳導性。金字塔的導電和絕緣屬性可說是完美的工程典範，其結構組合就跟現代電線的導電原理如出一轍。

至於金字塔的能量來源，其實是來自金字塔底下的地下水道。尼羅河的高速水流流經地下水道，地下水被沖至金字塔岩層下的蓄水層，因而產生物理電。蓄水層向上傳遞的電流在金字塔底部形成電磁場，並以聚合的形式傳遞至金字塔上部。源源不絕的流水，加上奇異的金字塔結構，正好提供了強大的金字塔能量。」

我像突然想起什麼似的，並馬上拿起桌上的紙筆，把腦海中的概念勾畫出來。「這個就是念力金字塔的模型。」我喃喃自語地說。

念力金字塔的結構非常簡單，塔尖為人的心念，底下的四個重要基石分別為人的記憶、所處環境、以及人的身體和心情，四個基點跟塔尖互相緊密連結，形成一個完美的幾何四角椎體。念力金字塔的內部結構融合了時間、地點、與人物三個元素，彼此以能量絲線交互相連，造就出數不盡的關聯網絡。

念力金字塔的能量產生過程，跟埃及金字塔的模式十分相似，潛意識中源源不絶的心念，正好比是源源不絶的地下流水，為金字塔提供了無盡的能量來源。而每根能量絲線皆以吸引力法則運行，使念力能以聚合形式，不斷反覆倍大增強，最後形成一個風暴漩渦。

智慧老人突然在我的對座出現，「你不覺得這模型結構很熟悉嗎？」

「對啊，這就像我在憂鬱暴風圈所看到的組成結構十分類似。」我回答。

「情緒風暴其實都是由一個簡單的心念所引發，只要能跟時、地、人三大元素調頻同步，即使是一塊細小石頭，也能激起滔天巨浪。」智慧老人比喻說。

「所謂的調頻同步就是指吸引力法則嗎？」

智慧老人點頭，「吸引力法則本來就是引導整個宇宙規律的基本原理。這法則一直存於大自然世界中，就是所謂的同性相近、物以類聚。同樣地，人類的潛意識也是以此法則運作，性質相似的記憶會互相吸引靠攏，頻率相近的心念會自動回饋增強。」

「所以念力金字塔有點像潛意識中的核能渦爐，透過念力的自行聚變，誘發出源源不絶的強大能量。」我比喻說。

「那我們現在逐一解拆念力金字塔吧。」智慧老人說。

念力金字塔

時間記憶

「在我們潛意識中，時間常以記憶的身分呈現。你的記憶在那裡，你的生命時點就在那裡。」

智慧老人繼續說，「我們每分每秒都在接收外界傳來的訊息，有用的資訊將被認知及保留下來。從出生到現在所經歷的大大小小人生體驗，均完整地保存在潛意識的記憶系統裡。」

「而吸引力法則就是記憶系統裡的核心管理技巧，成功把海量的資訊有系統地分門別類，編制出一套包羅萬象的標簽索引方法。這情形如同一個藏書無限的圖書館，管理員透過圖書分類法，以時間、地方、人物關係、工作性質、情緒心境等做為搜索引擎，把需要尋找的書藉極速地篩選出來。」我說。

「所以，你的腦海裡彷如擁有千萬條無形的吸引力法線，把所有零散的記憶串連起來，當心念與記憶的性質越相似，彼此的吸引力就越大，那記憶就越容易被提取出來。」智慧老人解釋。

當想到「辦公室」這個念頭，吸引力法線便自然地把辦公室相關的人事物串連起來；如多加一個「昨天」的心念，那昨天在辦公室發生過的所有事情便瞬間被篩選出來。如果念頭出現時的心情剛好是「焦慮」的，那一堆沒有足夠時間完成的工作、與上司爭辯的情境、工作表現不獲認同等焦慮記憶便應運而生。

這有如自動導航的吸引力搜尋法則，不但大大提升了訊息的處理能力與效率，更為思考提供了快捷的搜索路徑，是記憶與分析能力的重要基礎。特別當人面對危急或困難時，我們能快速找到解決辦法，有效的增加存活機會。例如當感到生命受到威脅時，內心便會自動抽出同等生命威脅程度的關聯記憶，試著從過去的人生經驗中尋得脫困的辦法，大大縮短了思考與分析時間，如同一種不自覺的本能反應。

「所以記憶代表一個人所活著的時間，而一個簡單的心念能自然吸引一系列性質相關的時間記憶。當你在意某些記憶時，接下來又會吸引更多類似的想法念頭，這就好比啟動了一座自我回饋的磁鐵一樣，使時間記憶成為念力金字塔的一顆重要基石。」智慧老人總結說著。

人的身體

「接著是人這個組成基石。雖然人的身心不是獨立存在，而是緊密互動一起的，但在念力金字塔裡，我們卻可把人分拆成身體與內心，分別理解兩者的相互影響。」智慧老人說。

身體時刻分享著內心傳來的訊息，再透過身體語言、生理反應、行為表情等，反映反射內心的狀態與感受。德國心理學家米查拉（J. Michalak）發現，憂鬱症患者與常人的走路姿勢有著明顯的差異。憂鬱症患者走路時的速度較慢，雙手的擺動幅度較少，而且上半身傾向左右搖擺，並慣性前傾使頭部低垂，變成一副垂頭喪氣的樣子。

「但身體不只是心境或情緒的一面鏡子，因為除了表達內心的感受外，身體也能反過來影響心情及所出現的念頭想法。」我補充說。

心理學家史特拉克（Fritz Strack）、馬汀（Leonard Martin）與史戴普（Sabine Stepper）曾進行了一個身心互動實驗，把測試者隨機分成兩組，第一組被要求用嘴唇銜著鉛筆，模擬出不悅的表情；另一組則被要求用牙齒咬著鉛筆，模擬出笑容的表情。然後兩組人觀看同一套漫畫，接著對漫畫的有趣好看度評分。結果發現微笑組比不悅組對漫畫的有趣評分明顯要高，好像說明即使是不自覺地歡笑，也能有效影響一個人的心境情緒及對事物的看法。

「因為身心是統合平衡的，內心會透過解讀身體傳來的語言訊息，分析出身體所處的狀況，按需要調整情緒心境，以協助身體應對環境的需求。例如當人處於脅迫的環境下，身體的主要肌肉會變得繃緊，心跳加速、血壓上升，隨時準備反擊或逃跑。當內心解讀到這些身體反應時，緊張、憂慮、害怕的情緒即時湧現，令警覺性大大的提高。同一時間，潛意識會快速搜尋解決危機的想法、甚至記憶，令人可以盡快逃離險境。」智慧老人說。

「所以吸引力法則不但令身心出現回饋反應，過程中更會引來相關的念頭想法，並召喚出性質想同的記憶。」我總結說。

人的心境

「吸引力法則不單只在記憶與身體裡運作，同一時間也影響著人的內在心境。其實人的心境就有如外在的天氣，有晴天陰天，有春夏秋冬，有風霜雨雪，不同時候有著不同的風景情緒，製造出不同的心情感受。當心境晴朗時，內心充斥著愉快放鬆的情緒，想到的都是快樂歡愉的念頭，繼而吸引出更多正面的回憶片段，造就了說不出的好心情。」智慧老人說。

「但反過來，這吸引力思維也能使我們成為憂鬱、壓力、焦慮等負面情緒的受害者。因為一個隨意出現的悲傷情緒，同樣能有效吸引相類似的憂鬱記憶或負面意念，再以複式的速度彼此相互增強，最後形成鋪天蓋地的壞心情。」我回想起憂鬱時的負面心境。

如「疲倦」這個念頭，能輕易觸發身心乏力的情緒感受，不但讓人沒精打采，更連連想起疲憊不堪的事件，引發更多令人疲倦的想法與回憶，像緊密的行程、做不完的工作、重重的生活負擔等。

「所以念頭不但能影響回憶，同時能塑造出內在的心境，一旦情緒形成，又會引來更多類近的念頭想法，激起更大的波浪迴響。」智慧老人說。

「也許心境的單獨力量沒有很大，但只要加上身體及記憶的調頻同步，便有可能匯聚成吸力強大的心念網絡，使人完全陷進情緒的流沙中，將人逐步沒頂溺斃。」

我表示明白。

所處環境

「最後，吸引力思維不只局限於人的內心，同樣適用於所處的外在環境。」智慧老人說。

「就像所謂的觸景傷情嗎？」我舉例說，「當回到兒時常出沒的地方時，童年的記憶開關像被霎時打開，腦中的放映機自動播放起那些早已遺忘的成長片段、兒時玩伴等。或身處醫院時，整個人會感到被一股愁雲慘霧籠罩著，想到的都是些生老病死的沉重議題，或曾經病重的經歷。同樣地，辦公室可以是壓力、焦慮的泉源，家庭可能是溫暖及責任的複合場所。」

「說得沒錯，環境是個十分重要的思考索引。當身處一地時，曾發生於此地的記憶點滴便自然被挖掘出來，好像讓人故地重遊、時光倒流一樣。不管事隔多遠，情境仍可歷歷在目，情感依舊觸動人心。」智慧老人回應說。

「所以如果剛剛失戀，最好盡量避免去從前跟愛侶常出沒的地方，以減低憂傷情緒與回憶來襲。如果親人剛不幸逝世，不防考慮轉個佈置、換個地方，能有效幫助改變心境、換個心情。」我說。

「或可以考慮到大自然走走，因為花草樹木能讓人心情輕鬆，大山大海也可讓人感到自由，令人瞬間忘掉不快的記憶，使心境也頓時開朗起來。」智慧老人提議說。

但環境因素不只單純包含地點，亦包括環境中的各種組成元素，如聲音、氣味與味道等。你可曾被一首老歌勾起了絲絲情懷？被一份氣味喚醒了對某人或某事的回憶？被一種味道送返到從前的時光？

「所以，環境不但能有效影響念頭想法、也能跟身心及回憶互動，令整個念力思維網絡更加複雜強大。」智慧老人最後說。

我續杯的黑咖啡，正好這時候送了上來。

當聞著杯中的香濃咖啡及看到周遭的舒適環境，我忽然明白到咖啡為何擁有如此神奇的力量。因為咖啡在我的潛意識裡，瞬間建立起了一座悠閒寧靜的念力金字塔，使我充滿了放鬆後的創意靈感。

在潛意識裡，念力的能量是源自每個細小的心念，心念透過吸引力法則，跟時間、環境、及人產生相互吸引的回饋作用，形成金字塔式的網絡思維。當塔內的組成元素調頻同步時，心念便會產生共振共鳴的聚合效應，製造出一股強大的念力能量。

念力本身並無好壞之分，可以說是潛意識的一股潛藏能量，它可以是生命中最大的助力，創造出不同範疇的高層精神力量，如治療、創作、洞察、藝術等。但同樣地，它也可以是最致命的破壞力量，亦是許多情緒及心理病的底下運作模式。

第十章　療癒頻率

療癒金字塔

我再次以生命元素導入法回到了身體自癒室。潛意識醫生就跟上次一樣，戴著黑膠框眼鏡，穿著白色長袍，坐在辦公桌後的椅子上。

「看來你已經解破了念力的運作秘密。」醫生首先開口說話。

我把念力金字塔的運作原理說出。

醫生突然打開手掌，一座念力金字塔的模型在他手心上浮現出來。

「如果你要把它變成一座療癒金字塔，那該如何做？」醫生這樣問我。

我想了一想，回答說：「我要做的是把時間、環境、與人物均調整到療癒頻率，把意念與意志力量轉化成為身體最大的自癒重生能量。」

醫生滿意地托一下他的黑框眼鏡。「那我們現在開始吧。」

療癒時間頻率

「療癒金字塔的第一塊基石是：當下的生命時間。」我說。

人生就好像一條以生命造成的時間線，時間線的起點是出生，終點是死亡。人就是沿著這條時間線一直向前遊走，過程中不能停下，亦不能倒退。生命當下的落腳點就是所謂的現在，在這以前的時間稱為過去，往後的時間叫做未來。所以，生命的基本度量單位在於時間，而非物質或金錢。

潛意識習慣把記憶以時間劃分，分成過去、現在與未來。現在發生的一切轉眼即逝，將成為過去，變成回憶，然後永久地凝固在潛意識的記憶庫裡。如果把人生的經驗從過去到現在串連起來，再將這條經驗線穿越現在往前伸延，便可看到或預計未來的遭遇經歷，甚至變成是預示未來的回憶。

「人真正的生命就只有當下的瞬間、當下的呼吸、當下的心跳。你可以選擇真實地活在現在，或虛幻地活在過去與未來。但不管過去或是未來，其實都只是一個時間幻象，這幻象會把生命的力量封鎖限制起來。」我說。

「其實，只要用心過好每一刻，美好的將來便自然出現。因為未來並不是預定或計劃出來的，而是用心一步一步走出來的。怎麼過你的今天，就等於怎麼過你的未來，今日的生活亦將是你十年後的生活寫照。若沒有能力把握現在，遑論有能力掌握未來。」醫生回應。

「如想要活出生命最大的量值與力量，方法就是盡量享受及把握生命中的每個時刻。如果當下的時間沒有充份利用，便只有白白的浪費流失，因為時間不像金錢，不能拿來積存轉讓。」我表示明白。

醫生在半空中劃出一條生命線。「當下就好比生命線上的一個焦點，代表所有力量都匯聚在同一個生命點上，所以當下的生命是最強盛的，並擁有無限的可能性。如果你能把生命拉回當下的這一刻，生命中可用作轉化的療癒能量就是最大的。」

「只是，一般病患者最常出現的問題，就是不真實地活在過去或未來，不斷的自我麻醉、自我逃避。之前，我就是放不下過去美好的人生、健全的身體，終日躲進昔日的記憶裡，因為我不敢亦不願面對現實。我知道這其實是一份錯誤認知，不但在自欺欺人，更平白浪費了治療的良機與生命的能量。」我覺悟地說。

「所以，放下過去痛苦的記憶，或是對未來的擔憂，全心全意地活在當下，才能發揮出生命最大的療癒力量。當下生命就是療癒所需要的時間設定，亦是第一塊療癒念力基石。」醫生回應說。

療癒身體頻率

「療癒金字塔的第二塊基石是：自主自力的身體。」

我繼續說，「這個世界上恐怕沒有別人比我更了解、更關注自己的身體，這些骨骼筋腱都是我身體的一部分。但一直以來，我都只依賴外在的治療，不管是西醫、中醫、偏方、甚至是神醫。只是在現今的醫療制度，即使遇上用心又能幹的醫生，試問醫生又能花多少時間與心力在每位病人身上？所得到的關注與療癒資源又有多少？

在醫院接受治療的那段時間，每次替我看診的醫生都不同，而每次診治的時間也不過十多分鐘。有時候，醫生根本沒有足夠時間翻看及了解厚重的病歷紀錄，就得在極珍貴短暫的會面時間「對症下藥」。又有很多時候，我的身體像被分割成許多不同的獨立部分，由不同的專科部門專責處理所屬的區域。這不但嚴重忽略了病人整體性的治療需求，更出現了互不協調的局面，讓我的身體無所適從。」

「所以你必須明白，真正的醫療資源其實是來自病者本身，而不是任何外在的醫生或治療機構。你必須對自己的身體負起全責，不可再胡亂把治療的責任與權力交給別人，不再盲目依賴任何治療師。」醫生說。

「自從取回治療的主導權與責任後，我變成了自己最好的醫生，不但對身體的感應與了解大大增強了，更學會了為自己身體聽診。在公園呆坐的那段時間，我解讀出自己的性格如何促成了這次墜機意外，腳患又如何代表了我對自由的渴求，及對自由的扭曲誤解。我再次面對現實，接受自己不完美的身體，並重新跟身體和好連結。我找到了疾病的根源心因，因此獲得了離開傷殘身體的許可。」我說。

身體的病徵很多時只是反映內心的訴求，所以仔細聆聽身體的訴求，解讀傷病背後的隱藏意義，才是最根本的治療方針。傷病只不過是潛意識的一個訊息載體，一旦看懂疾病背後的訊息，疾病便會甘心離去。

「你接著要做的，就是把身體調節到適合療癒的生理狀態，關掉不必要的妨礙干擾。情形就如同在身體裡進行環保節能運動一樣，盡量減少能量的不必要浪費，並把資源重新分配，集中投放在最急切需要的地方。」醫生說。

生理機能都是由潛意識所控制的，如果要加強自癒系統的功效，最直接的方法是加深潛意識訊息的影響力，並減低理智與意識對身體的控制。同時間，讓身體進入如休眠般的狀態，只維持低限度的維生需求，可有效節省身體的能源消耗。所以人在睡覺時，身體的復元速度與效率是最快最好的，因為減少了日常活動的消耗，能量再次集中在修復與再造之上。

「你所指的身體狀態跟催眠狀態十分相似啊。一方面，身體正處於高度的放鬆休息之中，另一方面，內在意識卻是無比地專注集中。」我回應。

「所以，你可以利用催眠技巧把身體帶進最佳的療癒狀態，這樣自癒系統便可發揮最強的輸出功率，在身體製造出最大的療癒能量。」醫生提示說。

「這就是身體的療癒頻率。」

療癒心境頻率

「療癒金字塔的第三塊基石是：寧靜的平常心境。」

醫生指出：「身體的免疫復修與新陳代謝，是受內在思想與情緒所影響的，如果想要發揮最大的自癒功能，就必須保持心境輕鬆平靜。研究發現，在充滿正面思想與愉快的心情下，療癒速度是最快，復元效果也是最好的。相反地，如果處於負面思想或緊張害怕的情緒之下，自我療癒功能將會大打折扣，身體復元速度也是最緩慢的。」

「意外之後，我的內心長期抑壓著大量的害怕與憤怒情緒，只在表面上一直在偽裝積極堅強。」我坦白承認。

「當內在的負面情緒得不到疏導宣洩，不但會拖低療癒功能，更會逐漸形成憂鬱焦慮的心境。負面心境將吸引出大量的負面想法與記憶，這不只浪費及損耗內在能量，更嚴重阻礙潛意識所發出的復修癒合訊號。」醫生解釋。

「但要求傷病患者馬上切換成正負愉快的心境，好像也有點不切實際啊。如果只像我一樣強裝正面、偽裝積極，而不是真實地回復平靜，同樣只會徒費心力，不可能帶出任何療癒效果。」我回應。

「所以，病者第一項需要調整與建立的，就是一個適合療癒的平和心境。平靜並不代表不能有情緒起伏，相反的，是要讓情緒有效得到疏導發洩，讓內心安然地接納任何害怕或不安等負面情緒，不壓抑也不在意。只有這樣，情緒泛起的漣漪才能逐漸退去，讓內心再次回復寧靜。」醫生解釋。

「但到底如何才能尋回一顆平常心？」

「你首先要學會從自己的不幸中抽離，試著以豁達的心情觀看大自然世界中的生命無常。如樹上的椏枝被突然颳起的強風吹斷了，大樹不會因此而害怕，把枝葉都收起來或實施過度的防風措施，大樹只照樣每天盡情地舒展，迎向太陽。另外，大樹也不會不接受自己已斷裂的枝幹部分，不會費盡心力想要駁回不可能恢復的傷殘，大樹只會盡量發揮餘下的身體部分，或在別的部位再次長出新的嫩芽。」醫生比喻說。

很多時候，傷病者的死命抗爭與消極逃避，都只是極度恐慌下的情緒反應。學懂接受現實，接受自己傷病的身體，才是真正治療的開端。但接受並不代表認同或喜歡，只是勇敢面對已發生的一切，接受生死有時、命運無常的宇宙法則。當能夠坦然接受自己的現況時，力氣才不會消耗在徒然的逃避與抗拒，能量才能再次集中在求存與療癒之上。

「我就是從大自然世界中得到重要的覺醒，大自然生物雖時刻面對無常的命運，但無論環境順逆，都能坦然求存，沒有害怕、沒有逃避，就只是勇敢地接受當下的一切。」我釋懷地說。

「所以，在放下執迷、釋懷面對生命無常後，就不再會時刻想著自己的不幸。當你把目光從輪椅中移開，你便能看見大自然生活的自在與堅強，讓你尋回內心的寧靜與勇氣。」醫生說。

「一顆清明寧靜的平常心，就是療癒所需的心境頻率。」

療癒環境頻率

「療癒金字塔的最後一塊基石，是把環境設定於內在潛意識，這亦是進行自我療癒的最佳地方。」

「說得沒錯。自癒能力是由潛意識所控制，如要有效啟動這能力，就必須深入內在潛意識，在那裡建立意志、欲望、目的、和行動一致的內在環境。」醫生說。

「之前，我一直感覺自己是環境下的受害者，常處於被動和無力的狀態。如果我選擇怪罪於別人或外在環境，就只能寄望外界會為我帶來改變，但這卻非我所能控制的事情。其實，痛苦和無力感只反映了我自身的需求，提醒我需要改變及脫離困局。」我有感而發地說。

「雖然你無法控制外界事情的發生，卻能控制自己面對事情時的情緒及所採取的行動。當你願意負起生命的責任，明白到改變只能來自自己的努力，你便取回了生命的主導權，重新以個人意志掌控局面，並主動作出改變。」醫生說。

「在日常生活中，我常把自己的事情看成是一大堆令人厭倦的義務，例如每天不斷告訴自己：非得要去上班、非得要學習、或做家事等。雖然我是行使了自己的意志，把工作努力完成了，但其實內心並不想這樣做的，只是沒辦法地依從別人的指示或受到外在環境脅迫而已，換來的卻是令人厭倦無力。如果那並非我內心主動的選擇，便不會成為我的真實意志，只會剝掉我自主的力量。所以，無力感其實不是因為缺乏意志，而是覺知不到、也連結不到我內心的真實意志。」我道出問題的核心。

「如果你想要把意志取回來，就必須明白那是你自己的真正選擇。你必須看清意志到底是在為誰服務，同時檢視選擇背後的理由，是為了討好或滿足別人嗎？是為了逃避責任嗎？是為了看起來善良嗎？或是為了服務自己？如果是為了討好別人，那會否剝削了自己的需求？

真實的意志必須來自真實的了解與選擇。例如你不是非得要上班，而是你選擇去工作，因為你希望為自己建立更好的生活條件，你愛你的家人才是你的真實意志來源，渴望愛與被愛才是底下的真正欲望。」醫生解釋何謂真實意志。

「如果意志是出於內在意願而非應該，效果與力量都會更好，整個身心才能同心協力的自律把事情完成。所以意志、欲望、和目的必須在潛意識結合在一起。如果意志和欲望不能達成共識，就會失去熱情和動力，浪費了用來執行意志所需的力量。所以找到真實所需，這樣才可以找出意志所在，並發揮個人的意志。」我表示明白。

「不過，意志並非總是和每個欲望和諧一致的。有時候你可能想要吃零食，但意志卻沒有讓你這樣做，因為你更高的內在欲望是健康與漂亮，所以意志拒絕了即時吃喝的行動，維持了控制飲食的自律。只要你懂得把意志關注放更大、更重要的內在目標，眼前的不適感受就相對地減輕了，即時的欲望衝動也變得無關痛癢。」醫生說。

「我透過生命元素導入法進入潛意識自癒室，然後尋到我的內在醫生。我衷心地渴望獲得療癒重生，願意選擇相信生命，並付出自己的真實意志轉化成療癒的力量。所以世界上沒有其他環境，比這裡更適合進行自我療癒了。」我總結說。

我將四塊療癒念力基石逐一建構起來，一座巨大透明的金字塔在我面前升起，緩緩在半空旋動著。

第十一章　夢境念力治療

二度催眠

「你已成功在潛意識裡建構出所需的療癒念力金字塔。」醫生滿意地說。「現在只差一步，就是輸入具療癒性的夢境心念，透過金字塔內的吸引力思維網絡，把自癒念力迅速倍大增強。」

潛意識世界好比一個夢境與故事世界，一切都以象徵意義存在著，而夢語就是跟潛意識溝通的最佳及最有效語言。

醫生繼續說，「視覺意象是潛意識世界最有效的溝通語言，所以你可利用夢境製作療癒心念，讓夢變成有建設性、有療癒目標的象徵暗示，從而有效改變生理系統。」

「我們真的可以自主地改變生身機能嗎？」我問道。

「雖說生理機能不受意識所控制，但不等於不能透過另類途徑做出調節干預。潛意識的信念力量，遠比意識的意志力要強大得多。」

信念能產生強大的力量，在心理學上稱為「安慰劑效應」（Placebo effect）。假設給病人一顆無藥效的糖果，並告訴他這是最新研發的特效藥，卻能產生預期的療效。安慰劑效應在疼痛治療上尤其顯著，例如給予患者一種偽嗎啡止痛藥，患者不但感到痛楚得到大大舒緩，而且他體內竟真的能製造出濃度極高、並類似嗎啡的天然物質。這可說是信念帶來的正面療癒效果。

但安慰劑也同樣能製造出負面效果，當給予病人安慰劑，並告訴他或許會出現某些不良的副作用，他就可能會感受到誤以為服下的藥物副作用，這被稱為「反安慰劑效應」（Nocebo effect）。

「信念的力量取決於是否真誠相信，相信程度越大，效果則越持久，所誘發的力量越強大。但必須注意，錯誤信念、不真實的記憶，同樣能對身體帶出巨大的破壞影響。」醫生解釋。

「這樣說，我也可透過夢境意念改變生理機能，甚至進行療癒修補。」

「其實，夢境跟身體一直有著緊密的連繫，例如當你夢見妖魔鬼怪等恐怖情境，或是被人追殺等緊張氣氛時，身體的生理反應會自動跟隨變化，因為身心是緊密互動的。所以當你驚醒過來時，會發現心臟在瘋狂跳動，全身冒著冷汗。又例如，當你夢見至親愛人發生不幸意外，或突然罹患重病離世，你悲慟難過，情緒幾近崩潰。雖然你知道只是做夢，但醒來時竟發現雙眼通紅，臉上還印有淚痕，一整天都心情鬱悶不安。

所以，夢境的情節內容往往能有效影響身體的生理機能，只是一般人不以為意。」

「這就是夢境與身體的連動影響。」我回應。

醫生繼續解釋，「這連動影響不只是單向，而是雙向的。假設你現在正熟睡中，夢見自己身處一棟百貨大樓內，你十分高興地在瘋狂購物，突然間，大樓的火警鐘響了起來，店內的人開始緊張走避，隨著鐘聲愈響愈急、愈響愈烈，所有人都在慌忙逃離大樓，你也跟著急忙逃跑……這時你突然醒來，才發現床頭的鬧鐘正在不斷響著。」

除了聲音的刺激外，光線、氣味與外在環境的變化，都能相應地影響人的夢境。例如，聞到煮食的香氣可誘發與食物有關的夢境情節出現，太冷或會看到下雪，太熱或會看見沙漠，水喝太多或會看到下雨的景象，暗示上洗手間的需要。所以，即使人在熟睡造夢，外界的刺激還是可以透過身體影響夢境。

由此可見，當人真實地活在夢境裡時，夢境的影響可直接反映在身體上，製造出比意識理智強大百倍的影響力，這可算是一種高層次的精神活動。但要注意，夢境必須真實，真實得分不出是現實還是造夢，這樣所帶出的生理效果才真實，對身體的改變與療效也越大。

「所以透過夢境意象來改變生理機能或進行療癒，是絕對可信可行，你只需借助夢境注入療癒的心念意象，便可開啟激發潛意識的自我療癒系統，把念力有效轉化成自癒異能。」醫生解釋可謂療癒夢境。

「既然療癒金字塔已建立好了，我們可以馬上進行治療了嗎？」我心急地問。

「在進行之前，你必須真實了解你的傷勢，你的右腳踝就如大地震過後，到處都是頹垣敗瓦，渠道淤塞。大地不但出現了大大小小的裂紋深坑，更因長期缺乏滋養而出現乾涸崩裂，情況比你想像的恐怖得多。」醫生說。

「那我需要怎樣修復這嚴重破損的骨骼？」

「你需要把這片荒廢的枯地重新清理修補，為乾旱的泥土再次灌溉施肥，讓大地重現原來的生機。」醫生比喻說。

「就像一個農夫一樣。」我回應說。

「但這自癒室還不是你最終進行治療的地方。你必須先走進正枯萎壞死的骨頭，然後在那裡直接進行療癒復修。」醫生說。

「我如何能到達我的腳踝關節？如何才能變成農夫？」我不明白地問著。

「你要做的不是想像，而是做夢。以催眠方法真正進入壞死中的腳踝關節，像農夫一樣為自己做災後的修復治療。這是真實的夢，真實的治療。」醫生解釋。

「再度催眠？我不是已經透過自我催眠，進入了潛意識的自癒室嗎？難道你是說在這裡再進行另一次催眠？」我不敢相信地問。

「就像是科幻電影般，一層又一層的潛意識階梯。所謂催眠中的催眠，就是在潛意識層裡進行『二度催眠』，到達更深的潛意識層裡，在那裡你將會抵達你受傷的腳踝，親自替自己做治療。這自癒能力是你與生俱來的，能以不同形式展現，不論是幻化成一個農夫或是工匠，都是具有象徵意義的治療。

所謂二度催眠，就像『夢中夢』一樣。如果這裡是你清醒時用意識建構的夢境，那你就在自癒室裡以夢中的意識，再建構另一層更深入的夢境。」醫生解釋。

「我要在自癒室裡進行二度催眠，而你將會作為我的催眠師，是這樣子嗎？」我再一次確認問著。

「你回去作最後準備，下一次我們將正式開始二度催眠的夢境治療。」醫生向我告別。

我離開了自癒室，回到現實世界的房間。

夢中夢

回憶起來，我也曾有過夢中夢的經驗，看見自己處於一個陌生的城市裡，全是陌生的街道與陌生的建築物。整個城市都是空的，走了半天看不到一個人，汽車也被有秩序地棄置在馬路上。路旁是一排排的商店，既沒有顧客也沒有店員。

我看到在路口的轉角處有一間燈火通明的辦公大樓，我急步走向大樓推門進去，看見了滿屋的辦公人員才稍微放下心來。當我正想向裡面的職員查問時，才發現所有的職員竟然跟我長得一模一樣。

那裡有很多個我，像沒有靈魂的機械人不斷重複手上的工作。我被困在這座空城裡，找不到任何離開的出口，我沿著大路一直往前跑，最後到達了城市的邊緣。邊緣都是懸崖，下面是看不見底的萬丈深淵，這就像是一座被遺棄的孤城。

突然間，大地開始震動搖晃，整座城市逐漸崩塌瓦解，大樓一幢幢地倒下，橋樑斷裂、馬路下陷，我拚命地往高處跑，但整片大地同一時間塌下去了，我也跟著下墜……

這時我才驚醒過來，心臟怦怦地跳動，原來我在公車上不小心睡著了，剛才是在做夢。我擦了一把汗，倚著窗旁觀看車外的風景，這是回大學時必經的路段。現在是什麼時候了，我為什麼會在返回大學的路上？可能是因為還沒有完全清醒過來，頭腦感覺混混沌沌的，就連現在是什麼時候也想不起來。我用手指輕輕按著太陽穴，希望趕快把意識召喚回來。

車子快到站了，我按電鈴準備下車。可是公車並沒有在大學站停下，而是繼續往前駛去。我心想今天真是見鬼了，連公車也過站不停。我只好再拉一次鈴，確定下車的燈亮了，電鈴也發出了提示的聲響。但奇怪的是車子完全沒有慢下來的跡象，再一次高速駛離應該停靠的站牌。

這到底是怎麼回事？司機是怎麼搞的？！

正當我想上前把司機臭罵一頓時，我突然察覺車內有點不尋常，車裡只有我一個乘客。這真有點不可思議，因為這公車平常都是擠滿了回校的大學生。我半帶疑惑半帶氣憤地走到駕駛座旁，還沒有開口便被眼前的景象嚇傻了。

駕駛座是空的，這輛公車不但沒有乘客，就連司機也沒有。我嚇得渾身冒汗大叫起來。這公車像是裝了自動導航系統，以無人駕駛的形式在公路上高速奔馳。

我想離開，但車停不下來，我根本沒辦法逃離，我更不知道這輛公車要帶我到什麼地方。這時我看到旁邊有一台私家車駛近，我趕緊探頭出窗外大叫救命，但私家車的司機根本沒聽到我的呼叫，一下子便駛離了。我沒有放棄拚命地叫著，喊叫的聲響在我身邊迴盪著，不斷地放大，終於把我驚醒了。

我睜開眼睛看看四周，牆上的掛鐘指著四點一刻的位置，原來我一直在做夢，先進入了一個夢境，然後在夢境裡再次睡著了，再做了另一個夢，這種夢中夢的經驗真奇妙，感覺像是進入了一層又一層的潛意識。

我還記得做這個夢中夢，是在大學剛畢業沒多久時，那時的我本來是計劃留在大學研究院裡繼續研讀，但最後卻選擇了投身警務工作而放棄升學。我內心一直處於掙扎的狀態，感覺像是為了現實生活放棄了理想，十分渴望回到大學，就像我乘著過站不停的公車駛過大學一樣，既回不去又不知道車子將要開到哪裡，沒有了昔日的同伴，只有我孤獨一人乘搭這輛命運快車。

但原來我更害怕的是掉進一個陌生的國度，一個我拒絕成長的世界，我害怕被這個社會制度同化，失去了自我的價值與思想，害怕被迫過著重複的生活，每天做著相同的工作，就連吃飯、睡覺的時間都被規定管束著——這才是我想要留在大學繼續研究的真正原因，當時所謂的理想，只是為逃避所編造的一個美麗藉口而已。

回想起這次夢中夢的經歷，讓我明白人是擁有遊走夢境與改變夢境的能力，這絕對不是什麼神通異能，只是我們都不曾關心這些出現在自己內心世界的事情。

第十二章　進入枯萎骨骼

枯竭的骨骼大地

今天是二〇〇五年五日一日。我把房間調整成預設的催眠環境，然後開始自我催眠程序。

我首先對身體進行生命元素的放鬆導入，把組成身體的地元素放鬆，讓骨骼、肌肉、器官與內臟的壓力卸下，如海綿般重回彈性，輕鬆自在。

接著是水元素放鬆，放鬆的感覺隨血液流經身體每一部分，把身體逐漸溶化，變成清晰透明的水分。

風元素放鬆，氧氣隨著呼吸運送到身體每一個角落，注入無比的氣機與放鬆的感覺，把身體從水提升成氣態，變成一團輕柔的空氣。

火元素放鬆，體溫隨著血液把溫暖的能量帶到身體的每個細胞，安詳舒適的溫度透過皮膚上每個毛孔傳送陣陣溫暖，讓氣化的身體充滿能量，昇華成一團亮光。

最後是空元素放鬆，身體內每個大小的空間都充滿了光明，亮光從身體內迸發出去，充斥了整個外在空間。身體的界限逐漸消失，和宇宙融為一體，我變成了純粹光明，純粹的亮光。

我以生命元素的催眠導入法，順利進入深層的潛意識，再一次回到潛意識自癒室。潛意識醫生如常地在房間裡等待著我，彷彿我永遠是他唯一的病人。

「我們可以正式開始夢境治療了。」我對醫生說。

「我們會先到達你腳踝受傷的部位，然後在那裡進行最直接的修復。」

「我真的能完全康復嗎？」我忍不住地問。

「這個問題我不能給你答案，因為決定權並不在我那裡。能否完全康復，將取決於你的信念。」醫生回答。

「我明白了。」

「你只需聽從我的指示，我將會一步一步引導你進入潛意識的底層，只有到達那裡，才能重啟你的自癒能力，才能治療你的傷。當到達受傷的骨骼後，你將會變成我，成為自己的潛意識醫生。」

「而我要做的，只是在這裡安心睡著，築起內心想要建構的治療夢境，然後走進那夢境裡。」我確認地說。

「我會變成你的催眠師，幫助你進入像夢一樣的潛意識底層世界，你只需聽從我的暗示，一步一步走進你的夢境。當到達你的腳踝時，我的工作便完結，你得完全依靠自己的能力，替自己進行任何適當的治療。記著，在潛意識裡，你將擁有所需的一切創造能力，相信你有改變夢境現實的本領。」醫生最後囑咐說。

然後我們開始了二度催眠。

治療圖騰二度導入

我選擇了利用治療圖騰作為二度催眠的導入法，雙蛇杖圖騰對我有著深厚的象徵意義，代表著自癒能量的奇蹟治療。為了加強視覺想象，我於清醒時一面描繪著這治療圖騰，一面想像與治療相關的畫面，從而建立起圖騰的關聯暗示，這大大地加強了催眠導入時的成效。

「繼續保持你的身心放鬆，你的治療圖騰出現在你面前，一個代表著自癒能力的遠古圖騰呈現在眼前。集中精神看著這治療的蛇杖圖騰，所有的意識，所有的關注都落在蛇杖圖騰上。蛇杖圖騰發出閃閃的亮光，晶瑩剔透的亮光，光溫柔地照耀著你，從頭到腳把你包圍，你感到無比的溫暖，無比的安全。

光線慢慢滲進你的皮膚、融入你的身體，你感到渾身充滿了力量，這是來自遠古文明的治療能量。同一時間，你亦擁有了這療癒的能量，治癒自己身體的無比力量。這光明會一直包圍著你，保護著你，你不會受到任何傷害。

現在你已經準備好進入你的潛意識底層，帶著自我療癒的能量，帶著保護好你的光環，進到你的身體裡去，深入你的骨骼，一直到你的右腳踝關節，在那裡你將幻化成自己的醫生，治療你的骨骼傷勢。」

骨骼災難現場

「你的面前出現了一部升降機，一部古老的升降機，閘門緩緩打開，你向前走進升降機裡。升降機的燈光十分柔和，空間大概可以容納四個人左右，控制板上設有不同數字的按鈕由『一』到『十』，你輕輕按下最底層的『一』字。升降機的閘門再次緩緩關上，然後開始徐徐地下降。升降機像在一個神秘的管道裡下降著，緩慢而穩定下降著，你透過控制板上寬大的顯示器，知道你一直在下降，十、九、八，你開始有深入地底層的感覺，一直往下沉，七、六、五，繼續緩慢地深入你要到達的底層，就像沿著你的腿骨一直往下沉，沉到你的腳踝關節，四、三、二、一。」

「升降機停下來了，螢幕顯示著『一』字，然後『叮』的一聲，閘門再次緩緩打開，升降機外的光線照射進來，你迎著光線步出升降機，你已經到達了潛意識底層，這裡就是你的右腳踝關節。」

當我步出升降機，醫生的聲音便消失了。我環顧四周環境，被眼前的景物嚇了一大跳：我在一片荒涼乾涸的土地上，就如醫生之前所說，這裡簡直如大災難後的場景，大地的中央有一道很深的裂縫，把大地分成左右兩半，那裂縫像一道萬丈深谷，大約十米的寬度，若要橫越對岸，則須從背面繞一個大圈。除了這道深坑外，地面上亦有許多不規則的裂痕，有好幾處地方出現了像地震遺留下來的坑洞。

四處都布滿了沙礫石塊，像頹垣敗瓦般散落一地，有的道路被巨石堵住，整片土地像是被大火燒過一樣，呈現出缺水的乾裂痕跡，這裡並不存在任何生命氣息。這就是我的腳踝。

我的工作是要把這片荒漠的土地變回潤澤的泥土，可以種植萬物的肥沃土壤。這看似真是一件不可能的任務。

我該從何做起？單靠我一個人的力量，真的可以嗎？這裡什麼也沒有，連一件工具也沒有啊！

「相信生命的奇蹟。」聲音在我腦中響起。

我記得醫生跟我說過，在潛意識裡我將擁有無限的資源，我將成為擁有最強大療癒力量的治療師。

這時，我看看自己的身體，才赫然發現自己已經變成了一個農夫，穿著一件白色的長袖汗衫，一條寬鬆的工人褲子，腳上穿了下田的防水厚底膠鞋，頭上還戴著一頂斗笠。身後是一間小農舍，裡面放置了各式各樣的工具器材，我所需要的東西都可以在那裡找到。

我明白了，這就像做夢一樣，只要相信，夢境便會成真，心想事成就是這裡的法則。但要改變這片荒土的面貌，只得靠我的一雙手，我的努力付出就是我的自我療癒，當我能為這片荒地帶來生機，便等於為我枯萎的骨骼帶來重生，這一切就如夢境般的象徵意義，原來這才是潛意識治療的真正意思。

我沒有立刻開始進行修補的工作，相反的，我先脫下靴子，赤著雙腳踩在土地上，仔細檢視每一寸土地，用心感受並了解它的需要，傾聽它的聲音。接著我拿著筆記本仔細記錄這裡的地貌狀況、四周損毀的程度，與修補的需要，做了一份既簡單又詳盡的探勘繪本。

這時候，一陣美妙的天籟之音從遠處飄來，輕快的音韻充斥了整片天空，這是我所預設的《四季交響樂曲：春季樂章》，是我預設的暗示音樂，提醒我一個小時的治療時間快要結束，現在想起來真像是電影《全面啟動》裡的音樂叫醒設定。

二度催眠導出

我放下手上的工作，走回升降機的進出口，閘門悄悄打開，像是在等待它唯一的乘客：我。我按下最高的頂樓數字「十」，閘門緩緩關上，升降機開始往上爬升。《四季交響樂曲》繼續在升降機裡播放著，伴隨著我緩緩上升。

「螢幕顯示出樓層的數字，一、二、三，升降機往上升的同時，你的意識亦開始越來越清晰，感官開始慢慢恢復，四、五、六，到達頂樓的時候，你將會離開潛意識的底層世界，返回潛意識的治療室，帶著清醒的頭腦與敏銳的感覺，七、八、九、十，然後發出『叮叮』兩聲提示，你已經到達潛意識的頂層，你可以慢慢張開眼睛，現在你已經回到清醒狀態，完全的清醒。」

我再次睜開眼睛，趕快回過神來。我看看自己的雙手，再看看房間的四周，牆上的掛鐘剛好一個小時過去了。我再一次確定我已經回到現實世界，從潛意識的底層回到清醒的狀態，而不是從夢中夢醒來還留在夢裡。

《四季交響樂曲：春季樂章》依舊播放著，節奏轉成輕快活潑，充滿生氣。這是我首次成功進行二度催眠，感覺真的十分奇妙。我到達了受傷的腳踝，親眼目睹關節骨枯的真實狀況。雖然那景象滿嚇人的，但這次的成功體驗，為我的康復帶來了一線曙光。

根據這一次的治療經驗，我編造了一個完整的治療程序，作為之後的夢境念力治療藍本。一次完整的治療，包括了三個不可或缺的催眠階段，分別為：潛意識導入、夢境治療，與清醒導出。

我的治療暗示是以夢境形式進行，透過二度催眠回到受傷的腳踝，在那裡做最直接的象徵性療癒工作，藉以喚醒自癒能力。在潛意識的世界，一切皆以象徵意義呈現，不論是療傷或是治病，都如夢境電影般刺激自己潛藏的療癒能力。我雖然把治療的時間限制在一個小時裡，但其實在潛意識的世界，時間是以不一樣的流速運行著。這時間的長短也可以自由調整。

第十三章　修路與築橋

第一階段治療：修路工人

今天是二〇〇五年五月二日，我準備進行第一次夢境念力治療。我如常調整好催眠的環境，開始進行生命元素導入。

「把你的呼吸盡量放慢，讓呼吸盡量深沉。徹底地深深吸氣，讓你感到舒適飽滿。再次徹底地深深呼氣，讓你感覺放鬆自在。

放鬆你的身體，從頭到腳逐一放鬆，如海綿般輕盈自在，恢復原來的彈性。隨著每一次的呼吸，身體逐漸放鬆。呼吸，頭部放鬆，五官放鬆，腦袋放鬆，整個頭部都鬆開來了。頭部從固態轉成液態，再氣化昇華，最後變成亮光，成為充滿能量的光束。

呼吸，身體放鬆，頸部、胸部、腹部、背部跟著放鬆，整個身體都放鬆軟化。整個身體從固態轉成液態，再氣化昇華，最後變成亮光，成為充滿能量的光束。

呼吸，四肢放鬆，肩頸、雙臂、雙手放鬆；大腿、膝蓋、小腿、腳掌放鬆，四肢都徹底地放鬆。手腳四肢從固態轉成液態，再氣化昇華，最後變成亮光，成為充滿能量的光束。

呼吸，全身的皮膚與肌肉完全放鬆，全身每根毛髮，每道毛孔都徹底放鬆。再呼吸，全身的器官與內臟都跟著放鬆，放鬆的感覺延伸進身體內部，每個細胞都如棉花般輕柔輕鬆。

身體每個細胞從固態轉成液態，再氣化昇華，最後變成亮光，成為充滿能量的光束。現在你化身成光明，和宇宙結合成純粹的光束。」

我順利到達了潛意識自癒室。

「現在你應該很清楚你腳踝的骨枯情況了吧。」醫生首先説。

「情況比我之前想像的嚴重多了，也比我在現實世界的醫院裡所看到的，要真實得多。難怪那些醫生都感到束手無策，我昨天醒來後，也一直在計劃應該如何進行這龐大的復健工程，你能給我任何意見嗎？」我問。

「不要被你眼前的景象嚇倒。你想想自己是從五、六十層樓高摔下來的，但現在還不是好好的活著嗎？這就是生命的力量，也可以說是生命的奇蹟。記著，這將是一場漫長的考驗，就像馬拉松長跑一樣，重點是考驗你的信心與決心，而不是你的體力。途中你可能會遇到很多困難，可能會碰到沮喪的時候，能否完成整個療程，將取決於你的心態。相信自己，按著你的步伐節奏，朝向終點一直跑下去，不向前張望，也要不往後回顧，只管順著流，一步一步走好眼前的路。」這就是醫生給我的建議。

「只管抱著信心與決心順著流走。」我重複著醫生的重點。

二度催眠導入

之後，我們開始進行二度催眠。治療圖騰再次在我面前出現，把療癒的能量灌滿我的身體，在周圍織起一面保護的安全網。我乘著潛意識升降機，緩緩降落到潛意識的最底層，十、九、八、七、六、五、四、三、二、一，再一次到達了我的腳踝關節，我又變成治療這片枯萎大地的農夫醫生了。

「不要被這滿目瘡痍的景象嚇倒。」我在心裡對自己說。

我開始編排工作的先後次序，把大地劃分成不同的區域，有系統地進行清理工作。首先，要移除眼前這許許多多的障礙物，這感覺有點像是愚公移山。我在農舍的倉庫裡找到鏟子與手推車，利用這些簡單工具，清理堆積路面的沙礫石塊。我找遍整個倉庫，也沒發現任何大型的運輸器具或電動工具，彷彿向我暗示，我只能靠自己的一雙手，一點一滴努力地為自己做治療，說明這裡的奇蹟都是靠人自己創造出來的。

我沒有想過需要多少時間才能把所有的障礙物清除乾淨，只是一直低頭彎身辛勤地工作，一面清理堆積物，一面填補地面凹陷的坑洞。原來在潛意識裡做這些粗活跟現實世界沒兩樣，不消一下子便汗流浹背，氣喘如牛。起初我還以為自己真的身在夢境裡，是不必花上任何力氣的，但這夢未免太真實了吧，所以連感覺也跟著真實起來。

我提醒自己放慢步伐，不要躁進，就如長跑一樣，找回自己的節奏。工作一段時間後便停下來休息，累了便坐下來，或直接躺在地上小睡片刻，等體力恢復後再繼續工作。也不知道過了多久，我忽然聽到了從天上傳來《四季》交響樂曲的音樂，告訴我治療的時間就要結束，該是下班回去的時候了。

二度催眠導出

我放下手邊的工作，回到潛意識升降機的入口處，按下最高層的數字，升降機緩緩往上爬升，一、二、三、四、五、六、七、八、九、十。升降機到達頂層，閘門打開的同時我也慢慢張開眼睛，我已經回到完全的清醒狀態，躺在房間的躺椅上，《四季交響樂曲》繼續飄揚著，我沒有把樂曲按停，一直到冬季的樂章播完為止，正式完結了我的第二次潛意識催眠治療。

路面復修

今天是二〇〇五年五月二十九日，是治療的第二十九天，地面的清理與修復工作大致完成，整個大地換上新的景象，而這個進展與改變都是自然形成的，這正好象徵了治療的效果。這裡不再是慘不忍睹的災後戰場，地面的障礙物能移除的已經移除，地上的坑洞能填滿的都已盡量填上。雖然地面還留下許多凹凸不平的痕跡，但已經恢復到原來的面貌了，至少不像最初：只要一不小心便會失足絆倒一樣。

「你已經做得很好了。」潛意識醫生鼓勵地說。

「但還是有很多無法還原的地方。」我回答。

「有些經歷總會留下一些痕跡，用這些不完美的傷疤繪畫生命，才是曾經活著的最好證明。」

「就像痛一樣，痛是活著的另一證明。」我補充說。

第二階段治療：築橋師

今天是二〇〇五年五月三十日。

「也許是該做進一步治療的時候了。」潛意識醫生亮起牆上的燈箱，換上新的光底片，底片是我三天前在醫院裡拍的，跟數月前的相比並沒有絲毫的分別。

「你現在要處理的問題，是如何把斷裂的骨頭重新接合。意外發生時，你的距骨因受到強大的衝撞力斷成兩截，雖然當時醫院裡的醫生立刻替你進行外科手術，以兩根長鋼釘把斷裂的距骨焊接鎖緊，但由於缺乏血液與養分的供應，骨頭間的裂縫久久未能癒合。要是在正常的情況下，斷裂的部分早就縫合自癒了。」醫生指著腳踝關節裡那道長長的白色裂痕說。

「這就是為什麼六個月過去了，但骨頭還沒有縫合的原因嗎？」我追問。

「或許應該說，這就是在三個月前就停止癒合的原因。很抱歉對你說，不管再等多久，這道裂縫永遠也不能癒合了。」潛意識醫生坦白說出實情。

「怪不得這道裂痕完全沒有消退的跡象，醫院裡的醫生只是一直叫我耐心等候，解釋說是因為年紀大了，加上傷勢特別嚴重，所以癒合時間比預期的長，但從沒有跟我說這癒合早在三個月前就已經停止了。」我驚訝地說。

「或許再過六個月，他們便會發現這狀況。但你也不能責怪這些醫生，因為你只是他們千百個病人裡的其中之一，他們每個月也只能配給十至十五分鐘時間替你診治，醫院交付到他們手上的生命太多了，所以如果你企圖把治療與健康的責任推給醫生們，這其實和慢性自殺沒有兩樣，每個人都應該為自己的生命盡心盡責，作為自己最大的守護者。」潛意識醫生再一次提醒我。

這次意外讓我明白到，我對自己的身體有多陌生，就連照顧它的責任也往外推給別人，以為花大錢找專業人士，便是最聰明、最負責任的做法，其實這只是一廂情願。身體需要的根本不是這些，它要的是我們最基本的關懷與溝通，不用安排你認為的「最好」，只需聆聽它真實的聲音與渴求，生病時多給它休息與營養，不要對它焦慮生氣，不要對它忽略濫用，這樣身體便能忠誠地為你服務一輩子。

「我會謹記的，作為自己生命的主人，我會好好地守護我的身體健康。」我同意說。

「回到你的第二階段治療，你現在要做的就是把割裂大地的裂縫接合，那道裂縫正是光裡顯示骨骼斷裂處，剛好把整個腳踝關節一分為二。很可惜你身體的自然癒合功能已經停止運作了。你需要重新進入那裡，以你的力量把兩片大地重新接上。有了這些新的連接點，自癒能力便可重新啟動，把分隔兩地的深谷填滿。」醫生解釋接骨的步驟。

「所以我要做的是建立新的連接點，像在裂縫上架起無數的橋梁，讓人可以自由無阻地通行大地。」

「有了新的連接點，大地的土壤便可依附生長，就像大樹的根跨越裂縫，最後兩片土地便可再一次縫合。記著，這是一片活著的大地，它具有頑強的生命力，但現在需要你的幫忙，全力協助它癒合。」

「我明白了，我就像一個建築工人，為自己的骨骼搭橋接骨。」

築橋接骨

我們開始進行二度催眠。我回到了大地，發現今天的裝扮與之前的有點不一樣，我換上了一套像車房工人的維修服，褲子上附有多個大小不一的口袋，方便攜帶不同的手作工具：手上戴著厚重的建築用手套保護雙手，頭上原來的斗笠，此刻換上了工地的塑膠安全頭盔，我好像從一個農夫徹底變成一個建築工人。不只是我，連原來的農舍也改變了，變成了一座像倉庫的小木屋，裡面放置了各式各樣的建築材料與工具。

在潛意識的世界裡，我有著無限的資源可以運用，可是這裡的工作都是靠勞力進行的，任何的治療成果都是一點一滴努力換來，這裡並不存在「不勞而獲」的幸運。或許某些宗教上的祈禱所產生的自癒能力，就是這樣運作的，全看你願意為你的身體健康付出多少時間與努力。正因為這樣，才稱得上是人人平等，不分種族信仰，無分貧富貴賤。

我走到大地中央的裂縫，仔細地評估考量：裂縫的平均距離大約有十公尺之多，有的比較寬，有的比較窄，活像是一道不規則的長蛇峽谷。我俯臥在地上探頭觀看裂縫的深度，只見裡面漆黑一片，有深不見底的感覺。

我盤算如何建造連接的橋梁，倉庫裡並沒有任何大型機械，人手只有我一個。我想到小時候的我曾經是個童子軍，學習過很多野外的基本求生技能。記得有一次野外訓練，就是要以最簡單的材料，編紮出一艘木筏然後橫渡一條小河流，當時我有的材料也只是繩索、木材，跟一些空桶子而已，但最後我成功地製成木筏，順利地橫渡小河。我突然領悟到，小時候都能完成的事，現在的我應該不會被難倒。

我在倉庫裡找來了繩索、木板、釘子等材料，再把要用的工具，如鐵鎚、木鋸、小刀等放進背包，然後開始動工，在裂縫的一方搭建木橋。我首先在岸邊建造樁柱，把兩根粗壯的木頭牢牢釘死在地上，光是弄這木樁就已經耗上半天的時間。接著我繞一個大圈走到裂縫的另一端，立起兩根同樣的樁柱，完成這些工作後，下班的音樂剛好響起，我脫下手套與安全帽，回到升降機重返清醒的狀態。

二〇〇五年五月三十一日　築橋

第二天，我回到岸邊繼續搭建橋梁，成功地以木條與繩索築起橋的外架，然後再以一塊一塊木板拼合，牢牢釘緊橋的走道，並把走道逐步向裂縫的中央延伸。為了讓自己不掉進深谷裡，我的腰間繫著一條安全的救生繩，並把繩的另一頭繫緊在樁柱上。由於橋的搭建只是試驗性質，所以我小心翼翼地在上面緩慢步行。等到第二天的工作完結，橋已經有了大概的雛形。

二〇〇五年六月一日　築橋中

第三天，我把橋的一半走道建成了。

我坐在橋的邊緣、深谷的中央上休息，看著橋的對岸，忽然想起從前旅遊時看過各式各樣的橋：有跨越大海的、有跨越深谷的，還有跨越城市和森林的。但橋只能把分隔的兩地連接，卻不能把分隔的兩顆心拉近。

二〇〇五年六月二日　第一道橋的建成

第一道橋終於在第四天順利建成，我嘗試從橋的一端走到另一端，只花了不到一分鐘便可順利跨越中央的裂縫，我不禁興奮得大叫起來。但這一叫差點把我從潛意識拉到清醒的狀態去，整個大地像地震般搖晃起來。我趕快把心冷靜下來，閉起眼睛深呼吸，告訴自己放鬆、放鬆、再放鬆。然後我坐下來好好休息後，重新調整工作流程，把工序集中逐一處理，這樣我就能更有系統、更迅速地施工。更重要的是，我現在不用繞一個大圈才能到裂縫的對岸了，我可以通過我所建立的第一道橋，把物資材料直接運送到彼岸去，這樣省掉了不少時間與力氣。

二〇〇五年六月二十六日　第十道橋的建成

就這樣，橋梁一道一道地建立起來，把橋的設計與工序簡化後，建橋的時間亦由四天縮減至兩天。在潛意識治療的第五十七天，我共建成了十座橋梁。

「看來你第二階段的接骨治療也進行得非常順利，以這樣的進度下去，你很快可以嘗試走路了。」醫生突然向我宣布這令人振奮的消息。

「意思是我的右腳踝可以負重著地嗎？實在是太好了。」我興奮地說。

「不要太激動啊！」醫生提醒我說。

「那我要建多少橋梁，才可以嘗試負重走路？」我還是心急地追問。

「時候到了你會知道的，沒有人比你更清楚你右腳踝的狀況。但這段時間，你要開始好好鍛鍊已經萎縮的大小腿肌肉，為你的再一次走路做好充分的準備。」醫生囑咐我說。

由於長期坐輪椅的關係，一如醫生所說，大小腿肌肉已經急速萎縮，現在差不多只剩下皮跟骨頭了。真不敢相信，意外前我還算是一個身材健碩的運動好手，意外後我竟變成一個瘦骨嶙峋的孱弱書生。

慶幸的是，現實世界中的醫院檢查報告指出：我右前臂的複合骨折已經完全癒合了，雖然鋼板與鋼釘還留在手裡，但完全不會影響我的負重與活動能力，這意味著我可以拄拐杖走路了。同一時間，我的左膝腫痛亦已經消退下來，雖然斷裂的韌帶不能以外科手術修補重建，但只要配戴適當的膝關節保護裝置，左腳還是可以負重走路。看來我的身體每部分都一起努力著，為我的再一次走路做好準備。

現在我每天都會進行兩節的肌肉負重練習，不只集中在大、小腿的肌肉上，還包括手臂與胸背的大塊肌肉。為了把右腳的負重分擔到身體的其餘部分，我必須強化相關肌肉，這樣才能順利拿起拐杖走路。

二〇〇五年八月七日　第五十座橋的建成

今天是治療的第九十九天。第二階段的接骨治療，不知不覺已經進行了兩個月，我在裂縫上已經成功築起了五十座橋梁，應該建立了足夠的連接點，讓大地的土壤依附生長，讓裂縫重新癒合。

「你知道第二階段的治療已經結束，斷裂的骨骼正重新癒合起來。這應該是你嘗試學習走路的時候了。」醫生說。

「我也是這樣覺得，我期待在治療的第一百天嘗試著地走路，離開輪椅的世界。」我回答。

「我也同樣期待這一天。」

二〇〇五年八月八日

第二天一早起來，我便到現實生活裡的醫院進行定期的物理治療，我已經跟物理治療師說好要學習走路的決定。

「雖然這段時間你的復元確實進步神速，痛楚大大減少，關節活動幅度也大幅增加，但醫院光檢查結果並沒有顯示出任何實質上的改善，所以醫生不建議你在現階段進行任何負重活動，包括以拐杖形式學習走路。」物理治療師還是擔心地提醒我。

「這點我十分清楚，請你不用擔心。相信沒人比我更了解我右腳踝的狀況，我還是希望進行負重走路練習。」我堅定地跟物理治療師說。

「那好吧，但你要答應我千萬不要勉強，你只需輕輕地把右腳踝放在地上，先讓負重減到最輕，等關節習慣了再逐步把重量增加。」物理治療師再三叮囑。

我雙手扶著輪椅的扶手，左腳踏穩在地上，全身用力地以單腳站起來。物理治療師在旁小心地攙扶著我，我拿好兩根手杖用力支撐身體，然後左腳踏前跨出一小步，站穩後，兩根手杖與右腳跟著趨前，右腳掌僅以腳尖的部分輕輕觸碰地上，就這樣好不容易走完一小步。

雖然這只是一個小孩的步距，但對我漫長的復元來說卻是意義重大——這是我意外後成功走出的第一步，能再次走路，已是我遙不可及的夢想，這一小步讓我再次相信夢想。我心裡一陣感激，雙眼不禁泛起絲絲淚光。

這三個多月的堅持換來了奇蹟式的改善，我開始了右腳的負重走路練習，走路的時間與路程一天比一天長，右腳的負重力度也日趨增加。我已經正式離開了輪椅的生活，這一切都讓我見證了潛意識的強大自癒能力。

第十四章　告別輪椅世界

第三階段治療：農夫

今天是二〇〇五年八月九日。

不知不覺潛意識治療已經進行了一百零一天，共完成了兩個既定的治療階段，不但把骨骼的表面清理修補，更在關節斷裂的地方完成接合。這三個多月的堅持換來了奇蹟式的改善，我不但把止痛藥戒掉了，還開始了右腳的負重走路練習，正式離開了輪椅的生活。這一切都讓我見證了潛意識的強大自癒能力。

今天我要展開第三階段的引流治療，這亦是最關鍵的一環，如果能成功地把水再一次引進乾涸的大地，讓正枯萎的骨骼再一次得到氣血的滋養，這樣骨骼便得以重生，否則之前所做的一切都只是徒然。

隨著潛意識治療進入不同階段，二度催眠時所給予的「後暗示夢境治療」亦隨之改變，但導入與導出的標準過程基本上是維持不變的，只是我現在已經可以更快、更輕易地到達潛意識治療室，亦能更深、更投入地進行二度催眠治療，這一切都是因為熟能生巧的緣故。

當程序熟悉後，自己便可根據催眠時的狀況自行調整，有些步驟甚至可以縮減或跳過。其實催眠治療是十分有彈性的，所謂的標準程序只是一種指引與參考而已，重點是能順利進入催眠意境，給予有效的治療暗示。

「你好像對催眠治療越來越能掌握了。其實自由穿梭意識與潛意識，本來就是每個人天生的本領，只是當人放棄與內心對話的同時，這能力便逐漸消失了。」潛意識醫生誇讚我說。

「我也曾經一度喪失這寶貴的本能，好不容易才把能力找回來。現在有時候可以在睡前為自己設計夢境，多了一份難得的做夢能力。」我笑說。

「先不要自滿啊，今天是第三階段治療的開始，也是成敗的關鍵，這一切都得靠你自己了，只要相信生命，一切奇蹟便有可能。」

「我明白。這麼多困難都經歷過了，我一定能堅持完成整個治療的。」

「你現在需要做的，是重新建立整個大地的供水系統，像農田一樣，挖掘水道，鋪設管道，讓水可以在農田裡自由流淌，重新滋養乾涸的大地。你可以在大地的外圍找到一些零星的水源，這些僅餘的水源就像沙漠綠洲般珍貴無比，謹記不要錯過也不要浪費，盡量把它們的功效發揮到最大。」潛意識醫生提醒我。

我回到大地，努力地在大地四周尋求水源，可是不管我重複走多少遍，也沒有找到幾個像樣的供水源頭。我把這些零星的水源位置做好標記，在地圖上一一記錄下來。這些所謂的水源，有些只像一口細小的水井，有些只是山邊石澗或是石縫的地下滲水，最大的也不過像河流的分支而已。雖然供應是源源不絕，但只可惜流量實在少得可憐，這比醫生所說的狀況更惡劣許多。

我努力盤算如何能發揮每個珍貴水源的最大效能，如何把水流引進更深、更廣闊的大地，但不管我的水道網絡設計得多完善，或是流量計算得多精密，我也沒辦法找到一個可行的方案。第一天的引流治療便在挫敗中結束了。

二〇〇五年八月十日　尋找水源

第二天回到大地後，我再一次重新檢視附近的水源，確保昨天沒有任何遺漏。好消息是我沒有任何錯失，但壞消息是並沒有任何水源被遺漏，看來水源的供應就真的只有那麼一丁點而已。以我保守的計算，不要說整片大地，就連四分之一的土地也不夠供給。

我把焦點從尋找水源轉移到水道的網絡設計上，我在潛意識倉庫裡找到了各種連接用的管線，大的小的彎的直的，也找到各式水管配件，當然還有挖掘水道用的所有工具，所有建橋用的材料器具都不見了，全換上建水道時用的管線與工具。

我再一次抖擻精神，重新規畫大地的水道系統，最後總算得到一個較為妥善的設計方案。雖然此刻心裡還是充滿了疑慮，但總不能一動不動地呆在那裡，只好見機行事。

二〇〇五年八月十一日　水道設計

第三天我換上了水務工程人員的藍色工作服，腰間繫上測量用的量尺與指南針，開始在大地上做座標筆記，以紅色的繩子在地面上做水道模型。當我下定決心後便一直埋首工作，勇往直前，暫時忘掉那些憂慮。

二〇〇五年八月十三日　挖掘水道

開始挖掘水道是在治療的第一百零五天，這工作比建橋還要吃力，這麼大的一片土地真不知道要花多少時間才能完成。我每天準時回到大地工作，直到下班的音樂響起才回去，我日復一日不斷努力挖掘，水道通不過的地方便接上水管，不消兩個月，水道的網絡逐漸建立起來了。

二〇〇五年九月七日　打開水源閘門

今天是我最期待的一天，潛意識治療的第一百三十天，因為我將會打開水源的閘門，把水引流進大地。

「我會成功嗎？水源能順利流進大地嗎？」我問。

「你好像已經失去了治療起始時的堅定信念，此刻你的雙眼充滿了懷疑與不確定。大概從你尋找水源的時候開始，你便覺得這是不太可能的任務吧。」潛意識醫生說。

「我的信心確實動搖了，因為有了希望，所以開始害怕會失望。」我回答。

「這裡不存在希望與失望，只有信與不信。」

醫生說得對，我來這裡不是為了尋找治療的希望，我是因為相信生命，所以來這裡製造奇蹟，就像不可為而為之。

我返回大地，打開所有水源的閘門，看著水沿著管道緩緩流入大地，從周邊一直蔓延開來，慢慢流進大地的中央，就像蜘蛛網線一樣，結起互通互連的幾條網絡。但就在網絡連到一半的時候，水流突然停下來了，如之前所預料的，水源的流量太少了，根本難以流進深遠的地方，更遑論灌溉整片廣闊的大地。

我有點氣餒地吐了一大口氣，這不是我早就預料的結果嗎？跟所謂的信與不信又有何差別？難道只要我相信，就能變出足夠的水源嗎？我躺在大地上，一時之間也不知該怎麼做，於是我把雙腳浸在水道裡，一陣清新的感覺從腳上傳來涼遍全身，突然頭腦也清醒了。

「我真笨，連一個農夫都懂的事情，我這個高材生怎麼會想不通。」我坐起來自言自語。

我的叔公不就是一個活生生的農夫嗎？小時候有機會就常跑到他的農田玩耍，在田裡轉來轉去。我的水道設計概念可能也是從小時候的回憶來的，只是我把這一切忘光了。

我還記得常在農田裡看到一個又一個的小水池，叔公總是叮囑我小心不要掉進去。

「這些水池是用來做什麼的？用來洗澡的嗎？」我曾經這樣問叔公。

「這是儲水池，可以把水儲起來方便灌溉，也可以把水引到更遠的地方，這樣偏遠的農田便有水供應了！」叔公當時這樣回答我。

所以，我現在要做的是：在適當的地點興建儲水池，作為供水系統的中途補給，這樣水便可以流得更深更廣。

我醒來的時候，很多兒時的回憶都跑回來了，我忽然很懷念叔公，很懷念那一大片農田，種滿各式各樣的綠色蔬菜。

生命真是一個奇妙的東西，很多看似毫無關聯的事情到最後卻能一一接上，一環接一環地緊緊相扣，好像沒有事情是獨立存在，或只是純粹的偶然出現。有些人稱這為因果，也有些人稱這就是命運，還有人說這只是事後的諸葛而已。

之後兩星期我都在挖掘儲水池，這些儲水池看起來真像沙漠裡的綠洲，讓我忽然想起潛意識醫生曾對我說的比喻：「這些僅餘的水源，就像沙漠的綠洲一樣珍貴無比。」可能是潛意識醫生想要向我傳達某種重要的訊息或暗示，只是我當時並沒有聽懂。

二〇〇五年九月二十一日　引流灌溉

今天是潛意識治療的第一百四十四天，整個水道網絡終於建成了。憑著儲水池發揮的作用，流水緩緩地進入大地的心臟地帶，像巴黎的凱旋門那樣在中心點的綠洲匯集，把整個水道網絡貫連起來。大地再一次得到水的潤澤，有希望再度恢復原來的樣貌。

遙望這片曾經一度荒涼的大地，自己也不敢相信能變回如今的模樣。如果說這是奇蹟，這真的是用自己雙手所創造的生命奇蹟。有了新的水源流進大地，就等於有了新的血氣供應，我的大地、我的腳踝骨骼重新有了生機，我真的可以復元了。看到這個情境，我突然跪在大地上，感動得落下淚來。

《四季》交響樂曲最後一次在遠方響起來，我把鞋脫下赤著雙腳，一面聽著《四季》樂章，一面在大地上漫步，感受這裡的一切。「春有百花秋有月，夏有涼風冬有雪，若無閒事掛心頭，便是人間好時節」，這也是人生的四季啊。

我有點不捨地回到升降機入口處，閘門徐徐關上，大地的景象在我眼前消失。我沒有直接返回清醒的狀態，而是回到身體自癒室。

潛意識醫生依舊坐在同一張椅子上等著我。除了我以外，他並不需要服務其他的病人。

「你的夢境治療已經完成，腳踝的複合性骨折正逐漸癒合，枯竭的骨骼亦已重新得到血氣的滋養，我相信再過一段時間你便可以感受到這奇蹟的復元，能再次以雙腳走路只是早晚的事。」醫生說。

「這表示我不需要再回來治療了嗎？」

「你已經成功創造了生命的另一次奇蹟，我已經沒有什麼可以為你做了。但你必須記著，這裡並不是治療的終結，你要繼續讓你的身體恢復健康，繼續你還未完的療癒旅程。」醫生說。

「所以這只是我另一個生命階段的開端。」我表示明白。

「生命有著太多的可能，許多前所未聞的治療，都是透過不停地探索與努力嘗試才出現的。」醫生最後囑咐地說。

「感謝你這一百四十四天對我的悉心治療。」我向醫生誠心道謝。

二〇〇五年十月七日　放晴

今天是我的三十一歲生日，亦是我人生中最難忘的一個生日。

我的人生就像是被這場瀕死意外分成兩半，於上半場，我毫無保留地追逐一個又一個的夢想，寫滿了令自己驕傲的成就。但就在我站立在人生最高峰時，我的生命時鐘被強行按停了，而過去三十年努力得來的成就也瞬間失去了。

經過一整年的休養反思，我把新傷舊患都治癒了。我像一個剛滿一歲的新生兒，重新學會以雙腳走路，踏步展開我的人生下半場。於下半場，我換了新的步伐、新的節奏，不再視別人為我的競爭對手，不再與天比高，也不再跟命運較勁。我發現了什麼才是我的真正追求，我的人生再次有了夢想。

我並沒有大肆地慶祝生辰，只為自己準備了一個簡單的蛋糕，一個不帶任何裝飾的純白奶油蛋糕。我從雪茄的匣子裡找到了十根長長的火柴，一根一根的劃下去。當火柴頭迅速擦過盒上粗糙的沙礫面時，摩擦的高溫把火藥燃點起來，引發出一個耀眼的小火球，伴隨著濃濃的硫磺氣味飄於空氣中。

我看著那火焰慢慢地燃燒，忽然想到宇宙裡的大爆炸，整個世界因而從黑暗裡誕生。我被眼前的火光深深吸引著，在看得出神的同時，我彷彿進入了奇妙的催眠意境。每劃下一根火柴，我便許下一個願望，那劃下的十根火柴代表我重生後的十個夢想，印記在我身上出現的十道傷疤。

我的第一個夢想，就是可以再次以雙腳自由行走。

二〇〇五年十月十六日　放晴

溫暖燦爛的陽光從窗戶照進房間，把我喚醒的同時，彷彿給予我無限的支持與鼓勵。我決定今天不再依賴任何的助行工具，完全以自己的雙腳自由地走在這片大地上。

我第一個想到的地方竟然是那不起眼的小公園，在那裡我發現了世界真實的面目，不是美麗的一面，也不是醜陋的一面，而是接近本質的那一面。

我到了小公園，把鞋子及保護裝備脱掉，以雙腳踏在草地上。那感覺有點不太真實，也許陌生的感覺並不是來自雙腳，而是來自再一次的站著、走著。

我拋開手中的拐杖，放膽地向前踏步，雖然只能一拐一拐慢慢地走著，但能以自己雙腳走路的感覺真是太奇妙了。我的第一個生日願望實現了！

經過一百四十四天，我順利完成了三個階段的潛意識夢境念力治療，成功把療癒念力轉化成自癒異能，使腳踝的複合性骨折重新癒合，枯竭的骨骼再度得到生命能量滋養。在治療復元的過程中，我同時以醫者與病者的目光，窺見生命的奧妙與潛能，親身體驗到療癒能量的產生與轉化過程。我對人體的自癒功能有了新的認識與啟發，深信前面還有更多的未知可能等待醫病者一同去發掘。

我的腳患出現了不可置信的奇蹟復元，不但救回了壞死的骨骼，更翻轉了醫生對我宣判的終身殘障命運。

第十五章　大自然潛醫識

治療瓶頸

今天到醫院檢查時，醫生把顯影劑注射進我的血管裡，之後替我的右腳踝進行磁力共振掃描。檢查結果顯示，右腳踝骨骼的血液供應並沒有丁點改善，骨骼壞死情況依然持續。

「我們完全檢測不到受傷的部位有任何血液供應。」放射診斷科醫生一臉抱歉地說。

「沒關係，之前的骨科醫生已經和我解釋過，這是受傷的後遺症。」我表示理解。

「但是骨骼的斷裂口卻出現了癒合的跡象……理論上，這是不可能發生的事情，沒有血液供應，骨骼又怎可能癒合呢？」醫生一臉問號。

「骨枯應該會伴隨強烈的疼痛感的，你是否服食了大劑量的止痛藥？」醫生繼續地查問。

我索性站起來，在治療室來回走幾圈，然後說：「我已經一段時間沒有服食過止痛藥，而且正常走路時，也沒有感到任何痛楚，只是關節有點不太靈活就是了。」

「沒有痛楚？而且可以完全負重走路？這到底是什麼一回事啊？」醫生露出極度不可置信的表情。

「醫學上，不是也偶爾會出現一些難以解釋的奇蹟個案嗎？可能我就是其中的一位幸運兒。」

「真是不可思議……」

「而且醫生和病人不是都在一起努力創造奇蹟嗎。」我回應說。

在現今醫學上，我的傷患是屬於永久性及不可逆轉的，已壞死的骨骼不可能再生，已斷裂的血管亦不可能再造。我的奇蹟康復讓醫生大感驚訝，或許應該說，不可置信。當然，我沒有提及潛意識醫生或夢境治療，因為這些東西根本就不存於現今的現代醫學或心理學上。這一切只在乎相信與否，而不是任何實質的證明。

自從可以走路後，我的活動能力大大地提高了，我逐漸恢復到原來的生活。從身體與生活的基本層面，我可算是真的康復了，但我心裡知道距離徹底的復元，還有那一點點距離。那感覺就像一個運動員受傷康復後，從前得心應手的動作卻變得力不從心、左支右絀，再也發揮不了原來應有的水準。

我的復元到達了某個極限盡頭，就這樣打住停滯不前，儘管我已經盡了自身最大的力量，然而不管怎麼努力，就是跨不過那條看不見的界線，無法再向前多跨一小步。我的治療旅程還沒有真正完結。

我再一次回到潛意識自癒室，向醫生詢問如何突破療癒的瓶頸。

「你已經做得很好了！我不是曾經說過，人的能力是有極限的嗎？你已經盡最大的力量去灌溉這片本來已是枯竭的大地，可是要讓大地徹底得到潤澤，並不是一個力量可以辦到的。」醫生比喻說。

「我還需要什麼力量？那裡可以找到潤澤大地的力量？」我心急地問。

「除個人潛意識外，生命還存有龐大的能量寶庫，你必須靠自己去尋找答案。」醫生最後提示說。

*

二〇〇五年十一月九日，意外後的一週年，我再次回到飛機墜落的地方。我看著碧藍的天空，撫摸著柔軟的青草，不禁感動得落下淚來。我跪在草地上，感謝一路而來宇宙與大地對我的幫助。當我躺在那片草地上時，忽然感到有個突起的東西碰觸到我的掌心，我把覆蓋在地上的泥土翻開，驚訝地發現，埋在那裡的，竟然是我的太陽眼鏡，那一副我帶著飛行的太陽眼鏡！

我把太陽眼鏡從泥土裡挖掘出來，把黏在眼鏡上面的泥巴小心清掉，重新調整後戴在臉上。我被當時所看到的景象嚇了一大跳，因我看到了不一樣的天空。如天上的雲，不只是白雲，而是代表著天地間的循環，雲裡有雨水、有河流、有被滋養的萬物。

這時，我突然聽到光的聲音對我說：「不要只看事物的外表，當下看清事物的本質。」

聲音消失後，天空又回復到原來的樣貌。

我對著上天點頭表示明白。原來，我撿回來的不只是遺失的太陽眼鏡，還有看清世界本質的視野。

我赤著雙腳，在這片草地上來回漫步。我回想起潛意識醫生所說的話：「人的力量是有極限的，大地好像還需要些『什麼』，而這個『什麼』並不是我能力所及的。」

這時，智慧老人突然在我身旁出現，他對我說：「只要真心相信，認真追尋，全世界也會合起來幫助你尋找答案的。」

我望著天空，忽然間明白到那份力量到底是什麼。「大地不是單靠人的灌溉就足夠的，而是需要天上的雨水，才能潤澤萬物。我需要像雨水一樣的東西。」我向智慧老人說。

太陽雨

我恢復到警隊上班，但因為醫療報告的關係，我變成了一名不受歡迎的傷殘員工，更被調離原來的前線工作，改派到專責處理屍體的死亡調查。管理高層認為死人既不能逃跑、也不能反抗，不會對調查人員構成危險性的攻擊，算是警隊為我這類傷殘員工量身訂做的最適合工作。

在警隊裡，死亡調查是一份極不受歡迎的工作，一方面要接觸死者的屍體與遺物，多少或會為調查人員帶來不安，工作時心情也不自覺沉重起來。另一方面要查問死者至親追尋死因，容易挑起親人那份哀傷悲慟，並不是一份讓人討好的工作。

但可能因為自己死過一次，我對於死亡調查並沒有反感或抗拒，相反地，我對死亡不但沒有恐懼，更感到這是一份很有意義的差事。

上班後，到公園閒坐的時間減少了許多，但每逢週末，我也會回到小公園的草地走走。其實我一直在尋找象徵雨水的能量，只是苦無頭緒而已。

今天一位熱心的警察朋友忽然對我說：「我認識一位高人，他之前患了嚴重的脊髓病變，每天只能躺在床上，但後來學會了一套失傳的氣功療法，經過兩年的練習以後，竟然可以再次走路，並且完全康復了。要不要試試找這位高人幫忙？」

我禮貌地婉拒了友人的好意。說真的，這種奇人異事的傳聞，受傷後我也聽過了不少，但大部份都是斂財騙人的江湖術士，所以聽到朋友這樣說，我一直沒有放在心上。

但沒想到在一個週日的早上，我被一通電話弄醒了，是那位朋友突然再次打來。「你醒來了嗎？你現在有空嗎？我之前跟你說的那位高人正在附近的山上練功，若現在趕到山上去，也許可以找到他為你提供治療的意見。」友人一口氣地說著。

看看時鐘，時針剛好指著六時三十分。為了不忍辜負友人的一番好意，我只得萬般不願意地從溫暖的床鋪上爬起來。

「我現在馬上開車來接你，十分鐘後在你家樓下見面。要趕快啊！」熱心的友人根本不管我願不願意。

友人把車開到附近山上的一座小樹林停下，我們沿著小路走到一處靠近懸崖邊的地方。我看見一個穿著唐裝的中年男人，聞風不動地站在崖上。中年男人並沒有理會我們的到來，大約過了十五分鐘後，他向我們走過來。友人表明來意後，那男人請朋友先回車上等候。

「嚴格來說，我修練的並不是什麼氣功療法，我只是借助大自然的能量為我修補受損的身體。當你能與大自然連結，大地之母的能量便能透過連接的軌道，傳送到你的身體，為你提供治療的能量，因為宇宙萬物本來就是一體的。」男人說。

「難道那就是個人以外的能量。」我恍然大悟的說。

「若想要學懂這種與大自然連結溝通的方法，你必須先通過考驗，得到太陽的允許，因為它是所有能量的根源。」男人說。

「太陽的允許？」我不惑問。

「因為太陽是大自然世界的能量本源。」男人繼續說，「你現在張開眼睛，告訴我你在太陽裡看見什麼？」

此刻，太陽正猛烈的照射大地，可是中年男人卻把眼睛睜得大大的看著太陽。然後他要我像他一樣望向太陽。我試圖把眼睛張開，可是陽光太猛烈了，眼睛只感到一陣陣刺痛，淚水不斷地湧出。我想，那是不可能的，他可能只是找個藉口來故意為難我吧。

可是他真的正視著太陽，臉上不但沒有一絲痛苦，表情更像是認真地在和太陽對話一樣。

我閉上眼睛，深深地呼吸，心裡想到底如何才能和太陽對話。就在這時，我聽到一把傳自內心的聲音，那是智慧老人的聲音。

智慧老人提醒我：「在你的潛意識世界裡，你擁有無限的資源，你需要的一切都可以在潛意識裡找到。」

智慧老人的話讓我突然想到一個可行的方法。「我知道應該怎麼做了。」我和智慧老人說。

我翻開潛意識的倉庫，終於找到了那副在墜機意外場地撿回來的太陽眼鏡。我把太陽眼鏡架在臉上，再次張開眼睛。我望見了太陽，一個炙紅的火球掛在半空。這是我首次正視太陽，我看到了太陽表面上的奇異斑點，如火焰般燃燒的亮光。陽光雖然熾熱，但萬物正享受著那溫暖的能量，不論是飛禽走獸、或是花草樹木，都一一浸淫在它照射的光裡，當中還有我也是一樣。

突然我看到一道烈焰從太陽噴射出來，形狀就像一隻飛鳥。

「我看到火鳳凰沐浴在太陽的雨點裡。」我回答中年男人。

「那可能是太陽給你的特別訊息。」中年男人以奇異的目光轉向我。「既然你獲得了太陽的允許，那我現在教你和大地之母連結的方法。」

中年男子叫我把鞋脫掉，光著雙腳站在綠油油的草地上。我依照他的指示，擺出獨特的手勢，感覺像接收訊號的天線一樣；然後，我跟著他複誦一些不知明的咒語，想像著身體與大地連接融為一體。

我聽到了大地的呼吸，我把呼吸也跟著同步調整。我感到了大地的溫暖，與我的體溫互相融合。

然後奇怪的事情發生了。我的雙腿彷彿長出一些像根一樣的東西，從大腿開始，一直伸延到小腿到達腳掌。那東西並沒有因此而停下來，繼續從我的腳底慢慢鑽進草地裡，穿過泥層，跨過沙石，一直深入大地的身體裡。我彷彿變成了跟大地之母連繫著。不只是我，其他的一花一草、一樹一木也正和大地之母連繫著。

「我需要雨水。」我向大地之母說。

然後奇妙的事情發生了，我的呼喚像得到了回應，內心的天空裡突然下起太陽雨來，豆大的雨點閃爍著金色的光芒，不停打在我身上。雨水緩緩流進大地的土壤裡，透過我腳底下的樹根吸收進體內，徹底潤澤了貧瘠的骨骼大地。

原來當人和天地融合時，宇宙自然的能量也能透過連接的通道，導引進人的身體，為人提供另類的治療能量。

我明白了！那就是我所需要的終極療癒能量，來自宇宙自然的太陽雨。

大自然潛醫識

這次神奇的體驗讓我對自我療癒有了新的啟示與突破，除了個人潛意識外，宇宙自然同樣蘊藏了無限的生命能量。我發現宇宙自然存在著一種強大的無形能量場，這能量場不但推動著整個生態循環，更維繫著每個生命體的存活。只要能進入這集體潛意識，我便可以分享大自然的生命能量，為我的身體細胞重組修復，這可說是自癒異能的另一扇隱秘通道。

瀕死經驗告訴了我何謂真正的「天人合一」，當我以光亮的靈體浮於半空時，我完全感受不到身體的邊界，靈魂跟宇宙自然是完全相融合的。這種平靜和諧的感覺讓我體驗到什麼是萬物唯一、無分你我，我和整個宇宙自然一同呼吸、一同心跳，彼此的思想、情感、能量、甚至是生命，都是互通互連的。在那個時刻，世界是大同，生命是共享，能量是循環不息的。

「只要能把身心靈調整到像瀕死時的天人合一狀態，我便可以進入宇宙的集體潛醫識，感受那股一體性的生命能量流向。」我有感而發地說。

「人做為自然生態中不可或缺的一員，本來就共同享有這集體生命能量寶庫。」智慧老人回應說。「只是，現代人都處於一種病態的生活模式，身體不停地在趕忙，內心不住地在焦慮，身心靈總是在各走各的，根本沒有一刻安住在當下的生命。這種身心靈分裂狀態不但讓人自身失衡，更使人失去了和宇宙自然共融共鳴的頻率。」

「所以我必須統合身心不同層面的意識，才能開啟靈性的精神力量。」我說。

「靈性意識就是人和宇宙自然的連接介面，當你能融入集體潛醫識，宇宙的能量就像天然的調音器，能替你的身體進行同步調頻，徹底療癒你受損的組織細胞。」智慧老人說。

「就像在身體裡呼風喚雨一樣。」我比喻說。

智慧老人點頭。「其實，你被宇宙自然療癒的時候，也同在療癒宇宙自然，這彷佛是一種共生共存、循環不息的關係。」

「這就是所謂的度人自度，自度度人。」我表示明白。

之後，我開始努力鑽研如何運用宇宙自然的能量作自我療癒，經過不斷的歸納，我以印度阿育吠陀醫學和中醫氣功作為主要藍本，加入心理學知識及催眠專業，最後成功整理出「日輪」與「月禪」兩套獨特的身心靈能量療法。這兩套能量療法強調的是身心靈的整合平衡，透過統合人類不同層次的意識場，開啟靈性的精神力量。

第十六章　日輪能量療法

阿育吠陀醫學

我和智慧老人一同在公園長椅上研究阿育吠陀醫學。

印度阿育吠陀被認為是世界上最古老的醫學體系，強調的是人體的身心靈合一，以及人和自然的並存與平衡。阿育吠陀認為，我們的身體是可以讓能量流經及流入的，而三脈七輪就是人體的完整能量系統，負責協調及統合身心靈的運作，並提供各意識層次所需要的生命能量。

三脈是指體內最主要的三條能量通道，分別為中脈、與左右二脈，至於七輪則是中脈上的七個脈輪漩渦，包括海底輪、臍輪、太陽輪、心輪、喉輪、三眼輪、及頂輪。脈輪就像是人體中軸的核心齒輪，既掌握了組織的能量交滙中樞，也驅動著生命能量「昆達里尼」的進化過程。

昆達里尼既是性力的來源，也是生命創始力量的泉源所在，和中醫裡的「真氣」概念十分相似。當昆達里尼甦醒時，生命能量將進入中脈，從底輪向上攀升，並開啟七個脈輪能量漩渦。當昆達里尼到達頂輪時，便會和宇宙意識結合，此時宇宙能量將從頂輪投進入身體，然後迴圈通過其餘六個脈輪，完成整個生命的能量旅程。這過程中，生命能量將不斷得到提升，並轉化昇華，形成一股極強大的重生與療癒力量。

「阿育吠陀不只是古印度的預防與治療的醫學，更是教導人們身心靈達至共振和諧的一種知識，也是促進人與家庭、自然、環境融合的生活哲學。」我有感而說。

「古印度人早就懂得運用生命及宇宙的能量作自我療癒，而且治療除了身體層面外，還需調整個人生活、人際關係、與所處環境，這才是全面及徹底的身心療癒。」智慧老人回應。

「在研究阿育吠陀的能量理念時，我發現了一個有趣的東西，就是阿育吠陀中的脈輪系統，跟美國心理學家馬斯洛所提出的『需求層次』理論十分相似。」我忽然說。

馬斯洛認為，人的需求可按重要和緊急性排成五個先後不同的層次，從最基本的生存需要到最高層的自我實現，未被滿足的需求會一直影響人的行為，成為意識的最大原動力。人需要優先滿足生理需求，包括食、衣、住、行等方面，才會追求更高一級的需要，如此類推逐級上升，成為推動我們行為的新內在激勵動力。

「脈輪可說是人類意識統一場中互相依存的介面，和『需求層次』理論確實有些相似。下三輪代表了人生存在世界的物質基礎，與身體意識有密切關係，而上三輪則著重人的精神基礎，和存在意義及高我意識相關。至於心輪剛好位居中間，是連接人性與靈性、物質與精神的一道重要橋樑。」智慧老人解釋。

「所以脈輪既是體內的能量中心，也是不同層次的生命意識。脈輪系統連結了生命中七個基本的意識原型層次，每個脈輪都其特性的身體屬性及存在意義，各自在獨立運作的同時，也彼此互補、相互影響。」我回應說。

「說得沒錯。每個脈輪都反映了生命的不同本質面向，各自有獨特的振動頻率，幫助我們承接、吸納和傳遞不同性質的生命能量。」智慧老人說。

「如果脈輪過度活躍或封閉，能量的流向便會受到窒礙，繼而引發思想、行為、甚至是健康的問題。」我說。

「所以，療法的重點在於開啟與激發七大脈輪，使脈輪能平順運作，讓生命能量能流動提升。透過連接低層與高層的脈輪，身心靈的意識得到統合平衡，從而打開連接宇宙的靈魂意識，接收宇宙能量作自我療癒。」智慧老人總結說。

日輪冥想

日輪接地

「如果要啟動脈輪系統的能量流向，就必須首先和大地連接。」我們開始了日輪冥想。

我選了一個安靜舒適的位置坐下，雙腳屈膝平放地上，保持脊椎挺直，肩膀放鬆，兩手自然垂下。穩定好身體後，我把眼睛輕閉，深呼吸並放鬆心情。我把雙手放於膝蓋上，食指輕碰拇指，結出一個瑜伽手印。

「準備好後，換以腹式呼吸，感受身體內部深處的伸展與收縮。當身體習慣腹式呼吸後，把呼吸調息到一個自然和諧的頻率。」智慧老人指導說。

「現在輕輕地用力把雙腳踩在大地上，把注意力放到雙腳，感受雙腳與大地的微妙的觸感，感受地心把身體往下拉扯的萬有引力，這是一種既實在又自然的感覺。」

我感覺到身體正透過腳掌跟大地緊緊地連接，然後腳掌與大地之間的隔閡逐漸地消失。

「你的雙腿彷如身體的根部一樣，透過呼吸用力地吸啜大地的養分與精華，大地的能量緩緩經過腳掌，沿雙腿流向身體深處。

現在把身體重心安放在身體底坐的海底輪上，彷彿那就是讓你穩固下來的錨定。想像一條錨鏈正從海底輪垂直下墜，離開身體會陰並進入地面，一直深入地底進入地球的核心。錨鏈被萬有引力拉扯，讓海底輪和地球的重力核心重疊對位，地心的能量沿錨鏈傳輸到海底輪，讓海底輪的能量漩渦重新轉動，併發出紅色的耀眼光芒。」

我感到身心無比實在，海底輪的位置正微微發燙，一道紅光正包裹著身體。

「現在開始整合其他脈輪和大地接軌。深深的呼吸，感受臍輪的存在與振動頻率，讓地心引力自然拉直身體的中脈管道，調整臍輪的位置並與海底輪垂直對齊。想像那條錨鏈通過地心垂直往上，穿過海底輪並繫穩於臍輪的核心，讓臍輪也和地心垂直連接。地心的能量傳輸到臍輪，讓臍輪的能量漩渦重新轉動，併發出橙色的耀眼光芒。

再次深深地呼吸，感受太陽輪的存在與振動頻率，讓地心引力自然調整臍輪的位置，並與臍輪、海底輪垂直對齊。想像那條錨鏈通過地心垂直往上，穿過臍輪及海底臍輪，並繫穩於太陽輪的核心。地心的能量傳輸到太陽輪，讓太陽輪的能量漩渦重新轉動，併發出黃色的耀眼光芒。」

接著用同樣的方式逐一調整其他脈輪，依序分別是心輪、喉輪、三眼輪、及頂輪，透過連接地心的錨鏈，讓體內的七個脈輪垂直對接，脈輪的能量漩渦逐一重新轉動，併發出綠色（心輪）、藍色（喉輪）、靛色（三眼輪）、及紫色（頂輪）的耀眼光芒。

當所有的脈輪都接起來後，我感到一條貫通身體的的能量中脈正建立起來，整條中脈經由頂輪垂直連接到海底輪，再和大地之母的核心對齊接軌，使我安穩地接地扎根。七大脈輪在快速旋動，各自併發出耀眼的色彩，最後在中脈形成一道七色的彩虹光芒。七彩的光芒由海底輪分別注入左脈與右脈，沿左右二脈盤繞著中脈往上，通過其餘六輪後到達頂輪，並在頂輪左右交替，再往下回流到海底輪。七彩的能量循環不息地流動，讓整個脈輪系統再次得到統合平衡。

日輪接光

「當完成脈輪系統接地後，我們可以繼續進行脈輪接光的意識冥想。」智慧老人繼續說。

「頂輪是我們靈性的接收器，能連接宇宙的能量及意識。神聖意識輸入並流過身體的中脈，喚醒各脈輪的個別意識，進行調頻共振，然後再迴向到宇宙。

現在我們向天空宇宙祈請，召喚天上的太陽，太陽向我們發出溫暖的白色光芒，那是生命的光芒、創造的光芒、及療癒的光芒。

白色光芒帶著神聖意識從頂輪進入身體，沿中脈的能量通道流過，到達海底輪。海底輪的意識被打開，令我們感到生命力旺盛、安全穩定、無畏無懼。我們回到生命的當下，和身體緊緊連結，充滿了求生的意志。身體的地元素再次被啟動，我們的骨骼、肌肉、筋腱、血管、免疫系統等充滿了生命能量，得到全面性的平衡及療癒。

深深的呼吸，天上的白色光芒帶著神聖意識，沿中脈流過到達臍輪。臍輪的意識被打開，令我們的情緒得到全然釋放，能跟自己的感覺再次連結。我們感到陰陽平衡、動靜平衡，充滿了熱情和活力，並勇於創造與改變。身體的水元素再次被激活，我們的循環系統、內分泌系統、生殖系統、腎臟等充滿了生命能量，得到全面性的平衡及療癒。

深深的呼吸，天上的白色光芒帶著神聖意識，沿中脈流過到達太陽輪。太陽輪的意識被打開，令我們清楚自我、目標清晰，找到真實的意志所在。我們能充分發揮意志，果斷行動，並建立信心與自尊。身體的火元素再次被開啟，我們的新陳代謝系統、胃部、腸臟、肝臟、脾臟等充滿了生命能量，得到全面性的平衡及療癒。

深深地呼吸，天上的白色光芒帶著神聖意識，沿中脈流過到達心輪。心輪的意識被打開，令我們體驗與覺知到愛的存在，身體與靈性再次得到統合。我們變得具有同理心、慈悲、寬恕，能和別人與環境建立親密和諧的關係。身體的風元素再次被激活，我們的心臟、肺部、胸腺、呼吸系統等充滿了生命能量，得到全面性的平衡及療癒。

深深地呼吸，天上的白色光芒帶著神聖意識，沿中脈流過到達喉輪。喉輪的意識被打開，令我們勇於表達內心的聲音，塑造出我們想要的世界。我們透過溝通內外連結，產生共振共鳴，並透過彼此分享，拓展擴闊我們的世界。身體的空元素再次被激活，我們的喉嚨、氣管、食道、口腔、牙齒、甲狀腺等充滿了生命能量，得到全面性的平衡及療癒。

深深地呼吸，天上的白色光芒帶著神聖意識，沿中脈流過到達三眼輪。三眼輪的意識被打開，讓我們擁有敏銳的直覺與內在洞見，清晰地看見事物的真實本質。我們能信任直覺，運用超凡創意，透過心靈的覺知與成長，努力實現自我。身體的光元素再次被激活，我們的腦下垂體、松果體、小腦、眼鼻、耳等充滿了生命能量，得到全面性的平衡及療癒。

深深地呼吸，天上的白色光芒帶著神聖意識，沿中脈流過到達頂輪。頂輪的意識被打開，令我們超越個體自我，和宇宙自然合而為一。我們回到了靈性的本心，跟生命源頭連結，獲得一切的智慧與開悟，明白真理、自由、與無條件的愛。身體的思想元素再次被激活，我們的大腦、前額葉、松果體、神經中樞等充滿了生命能量，得到全面性的平衡及療癒。」

此時，我聽到由天上傳來的宇宙神聖咒音「唵」（ＯＭ），ＯＭ是創造整個世界的初音，亦是所有生命能量場的總和頻率。ＯＭ由我的頂輪進入中脈，並在中脈能量通道環迴響起，與共七個脈輪共振共鳴。

我跟著一起發出ＯＭ的聲音，感受神聖咒音在體內中脈的振動。我一共發聲七次，代表七大脈輪的同步調頻。最後，ＯＭ的神聖咒音跟隨白色的光芒離開中脈，經由頂輪再迴向到宇宙。

「現在，你的身心靈與意識場已經得到平衡統合，生命能量透過不斷提升轉化，變成一股強盛的療癒能量。你感到一股如太陽雨般的溫暖潤澤能量，正滋養著你的骨骼大地，令骨骼再次變得生機蓬勃……」

參考資料——統合並提升脈輪意識

阿育吠陀

在古印度教神話裏，宇宙是由濕婆（Shiva）和夏克蒂（Shakti）共同創造出來的。濕婆是陽性的力量，代表純粹的意識，是靈魂的種籽，而夏克蒂則代表陰性的力量，是孕育宇宙及生命的初始能量，並常以沉睡的蛇作為象徵。夏克蒂在最底層的脈輪盤繞著濕婆的性器三圈半，成為物質中初始的潛能力量。之後夏克蒂從盤繞中舒展開來，沿脊椎向上爬升，開啓人體中脈的七個脈輪能量漩渦，讓生命力量「昆達里尼」不斷提升並轉化昇華。當女神抵達最高的頂輪時，便能與濕婆的神聖意識結合，完成整個生命的能量旅程，達至覺醒與解脫。

中脈與左右兩脈在脊髓上總共有六個交會點，三脈的交會點稱為脈輪（Chakra）。身體的左右脈分別將能量傳送至海底輪，兩者力量的結合將形成昆達里尼。通過瑜伽修練，人是可以喚醒沉睡中的昆達里尼，讓生命能量從底輪攀升，並將每個脈輪連接起來，往上到達頂輪跟宇宙意識結合。

海底輪

海底輪位於會陰、脊椎骨底部的神經叢位置，象徵人體的根部支持，代表人類生存及穩定性的最基本需要。海底輪的意識導向是存活及安全感，主要從身體本能層面運作，關注的是飢餓、休息、溫暖和庇護等首要生理需求。當生存的需求又或是威脅出現，海底輪的意識便會主導人體行為反應，藉刺激腎上腺素的分泌，併發出額外的能量，供應戰鬥或逃跑之所需。

海底輪的運作模式以吸引力法則為主，當擁有得越多物質，就越容易吸引到更多，從而帶給我們更大的安全感和實質的顯化。只是，當物質開始聚集變大，重力場也會因而變強，使人失去活力或傾向惰性，容易墮入物欲的世界。所以，海底輪的能量主要是掌管人與肉體及物質之間的聯繫，能使人感覺安全放心。

當海底輪處於平衡及活躍的狀態時，人便會有腳踏實地、活在當下的感覺，並感到與身體緊密連結，這都提供了心靈成長所需要的穩定性。我們必須先以健康而直接的方式滿足生存需求，意識才不至於被物欲所控制。如果忽略了生存基礎又或完全被生存所控制，我們就無法拓展意識的所有潛能，永遠無法體驗到愛與自由的高層追求。

如海底輪處於封閉狀態，人便會常感到不安恐懼，甚至是生命或生活安穩受到威脅。許多都市人都是靠收集越來越多的物資，以尋求安全感，又或是靠穿戴名牌來充塞內在的空虛。所以當海底輪過度活躍時，便可能產生強烈的物欲和貪念，又或會令人過於追求安穩而拒絕改變。

在瑜伽的系統裡，海底輪被視作為身體的「接地」出口，代表宇宙生命中的土元素。在生理層面上，海底輪掌握了身體的有形物質，如骨骼、肌肉、皮膚、血管等，它同時是支撐身體的根部，負責脊椎尾端、雙腿、腳掌以及身體的下部支持。

在療癒方面，昆達里尼的能量就是盤繞在海底輪，並一直處於休眠的狀態，這是身體復修與療癒能力的根本所在。海底輪的意識是要讓我們了解和接納身體，我們必須成為身體本身，才能去感受、肯定和愛惜身體。身體本來是由上億萬個獨立細胞所組成，但透過海底輪的能量及意識導引，體內所有的物質匯聚統合，並組織成運作的合一整體。

臍輪／本我輪

臍輪位於肚臍下方與生殖器的中間，和丹田位置極為相近。我們的意識從海底輪的一體發展到臍輪的二元性。如同中國太極的哲學思想，臍輪的力量是源自陰與陽的兩股力量，不斷互相激盪、互相平衡帶動出來的。這兩股性質相對的力量，形成了異性相吸的引力法則，經過不斷地互動，帶來了無止境的創造與改變。海底輪是維持穩定的靜止平衡，而臍輪則是環繞著變動的動態平衡，其分別就像是一維世界中的一點，跟二維世界中兩端連成的一線。

臍輪是生命的基坐，既是性欲之源，也是情緒、感官知覺和歡愉的中心。臍輪的意識導向是快樂，其核心特　是感官知覺，而感官知覺是構成我們感覺和情緒的重要基石。如果欲望是所有行動的種籽，那快樂就是欲望的根源，透過感官知覺傳遞快樂的訊息。

當臍輪的能量失衡時，最容易出現問題的就是情緒。情緒可被視為一種意識的流動，生命能量從潛意識移進意識，顯化成行動和改變。情緒的運行原則是離苦得樂，以直覺反應移向快樂。如果要抑壓情緒，就必需付出能量，以限制可獲得即時快樂的行動，並讓情緒停留在無意識層。只是，情緒的影響並未有因此而消失，反而會讓人在不覺知的情況下行動，最後演變成破壞性的病態行為。

所以，如果只一味抑壓原始的快樂，過度剝削反而會造成縱欲的需求，變成性上癮、酗酒、或吸毒等負面宣洩行為，結果將快樂轉成痛苦。快樂對於身心健康是不可或缺的，但許多人卻不敢承認或不願接納他們的感覺與情緒，持續地做出無能為力的反應，並對尋求快樂產生深刻的罪惡感。過度封閉的臍輪會令人感覺麻木、缺乏情感，又或是常常面無表情，與人相處總是保持距離，採取封閉冷漠的態度。

在生理層面上，臍輪控制了性腺及主宰人的性功能，同時也負責身體中的液體成分及循環系統，包括淋巴液、血液、精液、唾液、眼淚、內分泌等。如臍輪出現問題，受影響最深的生理器官包括生殖器官、大腸、骨盆以及下骨盆腔區域，還有臀部。臍輪相關的生命元素是水。水能滋養萬物，也能滋養及淨化我們的身體與靈魂。水必須流動才具有活力，並帶來生機，流動的水是柔韌、適應、和包容的象徵。

在療癒層面上，臍輪的問題主要源於害怕的感覺，也包括害怕表達我們的真實情緒。心智需要靠感覺，才能將能量導引到需要它的方向，並透過欲望創造行動，再透過行動帶來創造與改變。只有當我們和自己的感覺連結時，意識才能覺醒並進化到更寬廣的層次，臍輪的意識就會因此而得到統合平衡。

太陽神經叢輪/太陽輪

太陽輪位於肚臍上方太陽神經叢的位置。太陽輪超越了海底輪求生的本能，和臍輪獲得快樂的欲望與行動，拓展到更高層次的意識，以個人意志推動生命力量，目的就是蛻變。臍輪開啓了二元的對立性，我們有意識的作出選擇決定，於是便誕生了意志。如果只單靠能量，這並不足以構成力量，能量必須加以導引，才能達成目標。意志則導引了欲望的方向，是心智與行動的結合，我們透過意志開始主宰自己的前程，並創造出未來，不再只是被動地對事件做出反應。所以，個人力量的發展全憑意志，這是由意識所控制的改變。

我們可以毫不費力地安住在自己所擁有的一切，或紮根在情感的舒適安全區那裡，但也可以選擇運用個人性的力量，超脫物質世界，探索未知的領域，追求心靈的成長。自我負責和自尊就是太陽輪的意識層次顯化。太陽輪打破動者恆動、靜者恆靜的慣性，透過意志結合動跟靜的力量，導引行動的方向，塑造出我們的世界。

所以，太陽輪的意識層次就是讓我們清楚自我及建立目標，找出我們的真實所需，這樣才可以找出意志所在，並發揮個人的意志，將單純的能量轉化成更有影響力的力量。力量會隨我們的意志及目的成長，讓我們建立信心與自尊。如果失去了內在力量，我們會變得停滯不前，喪失熱情、意志和欲望，不再渴望創新，並困在下層脈輪的安全模式，拒絕改變。

如太陽輪的意識未能好好發展時，人便會傾向在做決定前不斷求神問卜，或是不停地尋求別人意見，例如靈媒、老師、治療師或長輩等。這樣做只會把生命的責任與主導權拱手讓予他人，同時也把自己的力量轉讓出去。

為了要善用太陽輪的創造力，我們必須成為自身存在的最大影響力，同時也要學習回應外在世界，不失去與自己的聯結。如果內在與外在的現實得到了平衡，太陽輪的能量就會變得和諧。一旦失去了平衡，典型的態度與行為是變得自私與執著，對他人冷漠及難以原諒別人，性格上會充滿偏見及變得傲慢，愛嚴苛地批評別人。

在生理層面上，太陽輪控制的器官包括：胃、小腸、肝臟、腎臟、脾臟與脊椎的中段。因此消化系統是這個作用力的重要部份，如能量失衡時，便容易出現消化不良、糖尿病、腸胃潰瘍等毛病。太陽輪控制身體新陳代謝的活動，負責調節和輸送代謝能量，並維持分解（分解作用）與再生（同化作用）之間的平衡。太陽輪的相關生命元素是火，火象徵了力量與淨化，並幫助物質轉化成能量，這代表了我們的行動、意志、和力量。

心輪

心輪位於胸腔中心、胸腺的位置，是脈輪系統的中心點，也被稱為愛的中樞。心輪是從身體轉化到高層意識的橋樑，負責把物質與靈性結合，將構成生命的一切基石聚合在一起。心輪的意識集中在愛、和諧、與平衡，整合個人存在的不同面向，以及建立我們和外在世界的各種關係。

心輪的主要功能是讓人體驗愛，但這與臍輪中的性愛並不相同。性愛一般是有特定對象，源於欲望的需求與短暫的激情，而心輪的愛並不依賴外界的刺激，是源於內在的情感體驗，是一種慈悲的關愛和喜悅的接納。

愛一直是我們需要及想要的力量，能夠把人事物吸引團結在一起，並維持著穩定的關係，例如民族、家庭、朋友等。愛是一種沒有限制或拘束的力量，允許改變和自由，只是核心仍然保持凝聚。當真正愛一個人時，我們是可以接納並珍惜對方的本來面目，而不是要求對方去改變來取悅自己。

為了維持愛的關係，我們必須某程度上脫離自我中心，放棄一些自體個性，好讓大家結為更大的一體。但如果過度脫離自己的個別性，便不能夠充分體現自我，甚至喪失自己的心，引致失衡及和自己失去連結。所以我們必須平衡愛與自我，而真正的愛就是一種平衡與和諧的關係，各自找到舒適的位置，能以自己獨特的方式舞蹈時，也能和別人及世界一起共舞。

因為愛會超越自我中心，並打開自我設定的防衛界線，所以有時候也會伴隨恐懼的感覺。恐懼就像一種自我保護機制，但結果卻令心輪能量枯竭。我們需要別人讚美，需要別人認同，最害怕的就是自己不被接納。有些人一心想要付出愛，目的就是期望得到同等愛的回報，但換來的卻是終日惶恐不安。

有些人因為害怕受傷，在心的周圍築起高牆，雖然能守護心輪，但也嚴重限制了流通心輪的能量。當心輪過度封閉時，保留愛的同時也會減少接收到愛，這將是一種惡性循環，不僅抑制了自己與外界的溝通，更會把自己關在孤獨的世界裡，從而變得冷漠，並難以和別人建立親密關係。

心輪的發展對我們的存在及心靈成長有重要影響，當我們越能自我接納和愛自己，便越能對別人開放和付出愛。如缺少自信與自尊，會使我們發展出自以為毫無價值、又不值得被愛的錯誤信念。當心輪打開時，人會具有同情心、友善、寬恕，並會活在和諧的人際關係裡。但如果過度活躍，便可能引發過度的溺愛，或會令人有窒息的感覺。

心輪的力量是愛，愛鞏固了萬事萬物的關係，並將世界上錯綜複雜的關係網絡凝聚在一起。由於愛同時擁有吸引和放射的力量，所以既需要親密，也需要距離。愛的本質是平衡和均衡，停駐在我們每個人的核心。愛並不是依附在任何對象上，而是與自己的一種和諧狀態，或是健康生物之間的自然狀態。所以，人並非要如何創造或尋找愛，而是要如何體驗與覺知愛，因我們就只能在自己的內心找到愛。

心輪的意識層次在於建立關係，包括物體和它們活動的關係，以及人與人之間的關係。這關係模式構成了我們認知的基本結構，也建立了思想及對外在世界的概念。如果從關係的角度去看，我們看到的應該是彼此的空間，而不是物件本身，當我們抬頭觀看宇宙星體時，便會很發現這種完美的平衡和諧關係。所以，只要把目光拉遠拉闊，便會認知到重點其實落在彼此的距離與空間。

關係的平衡是處於動態而非靜態的，會隨著時間不停地在變動。如果想要維持穩定的關係，我們必須時刻尋找自己跟別人及環境的平衡位置，並彼此維持著全面性的對等力量。在人際關係中，當一方或雙方感覺關係已經失去平衡，而且沒有能力恢復時，關係就會改變或結束。這種失衡可能來自施與受的不平衡，也可能是因為彼此基本生命力的不平衡，例如靈性成長、金錢、性愛、權力、或溝通的力量不均等。

在生理層面上，心輪控制著心臟、肺臟、及胸腺，當能量失衡時，容易出現心臟疾病，哮喘，或呼吸系統問題。另外，這也是情緒病的主要來源，患者常對情感絕望，缺乏同情心，對愛有障礙，感到悲傷、憤怒、及憂鬱。心輪的相關生命元素是風，風跟呼吸有著重要關聯，所以呼吸是打開心輪的主要運動與工具。

在療癒層面上，心輪是負責整合和團結的中樞，也是療癒的中心，所以愛常被視為是終極的療癒力量。真正的療癒就是恢復身體、關係、或情境的平衡，我們所有的疾病，不論是由細菌、外傷或壓力所造成，其實都是失衡的結果。當長期處於不平衡狀態，組織原有的親和力與共振能量便會受破壞，導致組織崩解。

喉輪

喉輪位於脖子前方的喉嚨，喉結下面的位置。喉輪的意識在於溝通與創造，將內在的自我表現於外在世界，不只表達我們的內心聲音，更創造出我們想要的世界。喉輪是身體不同頻率的能量彙集與具體化的中樞，當能量自由流動時，就能展現身心合一的狀態，並共振出和諧的節奏。

透過語言溝通，我們將無形的思想表達出來，讓思想觀念顯化於物質層面，形塑了我們的現實。例如我和服務生說：「我想要一杯咖啡。」那就等於我在現實世界創造了手中的咖啡。溝通同時亦協助組織自己的想法和感覺，繼而創造出分明的概念與智慧。

如果喉輪能量平衡，心智與身體將會緊密連結，我們能夠誠實地將心裡的感受表達出來。我們通過表達真實的內心世界，將想要的能量導入及不想要的能量導出，使自己與環境和諧協調。我們亦可從環境接收到各種反應訊息，以監察溝通的效果，並在過程中不斷作出調整，以達至塑造出理想的世界。

雖然語言溝通是人與人之間最基本、最直接的連結方式，但大多數人卻受限於外在壓力，無法將自己的真實想法或感受說出。如長期無法忠實地表達自我，便會在體內累積壓力及負面情緒，影響喉輪能量的自由流動。等到無法再承受時，情緒便可能在瞬間爆發，造出傷害自己及他人的行為。

在意識層面上，溝通既能連結、也能拓展擴闊我們的世界。透過集體分享，我們的意識會不斷增長。例如我們可以從別人、書本、或電影，獲得自己所沒有的知識見聞。溝通也可以收窄彼此分歧，讓意識聚集統合，以團結的力量創造更大格局。

喉輪平衡的時候，心智是明晰的、有耐心的、尊嚴的、睿智的、審慎的，而表達出來的話語是清晰明白的。喉輪一旦失去平衡，典型的態度與行為就是孤立、扭曲事實、總是忙碌不已、被細節主宰、或過度操縱等。除了適度的表達外，溝通亦包含了傾聽，因為溝通是雙向的，如果只顧用力的表達自己意見，而忽略用心的傾聽，那麼溝通就不存在了。這種現象就是喉輪能量過度活躍的表現。

在能量層面上，萬物皆是振動頻率，而聲音就是振波的一種顯化，是我們能聽得見的能量。印度教古籍記載，世界是由振波創造出來的，而「唵」（OM）就是整個世界的初音。喉輪的相關生命元素是「以太」，屬於一種精微能量的振動場域，是土、水、火、風以外的非物質元素「空」，亦即所謂的氣場。我們可以把氣場看成是整體能量振動的總和，是一種共鳴共振後產生的節奏。

氣場包裹著生物體的物質次元，一般難以察覺，但透過柯利安攝影（Kirlian Photography）的技術，則能以視訊記錄到活體生物所散發出的以太能量波。人在生病時，疾病會首先在氣場上顯現，之後才透過病徵呈現在身體組織。所以觀察一個人的氣場，就能看出他的健康狀況。喉輪的不和諧可能導致生理上的疾病，像喉嚨、甲狀腺、嘴、下巴、牙齒、口腔、副甲狀腺、氣管、頸部和下視丘等部位的問題。

身體就有如一個交響樂團，不同的生理系統就代表了不同的聲部，包括弦樂、銅管樂、木管樂、敲擊樂等。雖然各個聲、甚至每件樂器，都有其獨特節奏，但透過共振節奏的連結力量，便能把各聲部凝聚及協調，創造出優美的樂章。當身體進入共振節奏時，內在的溝通才真正發生，運作才能和諧合一。

所以，溝通是讓生命力運行的連結法則，體內各系統的運作與身體一切的行動，都是溝通帶來的結果。大腦透過電流訊息與肌肉組織溝通，使我們能活動說話行走。荷爾蒙是器官與細胞之間的生化訊息，協助調節生理機能，促進生長與免疫復修。我們的身體必須透過龐大的溝通網絡來連結，協調各項複雜的工作，並形成共同作業的一個整體。

在療癒層面上，我們需要調頻每一個脈輪，找出各脈輪的自然振動頻率，同時，也找出整體的和諧共振節奏。如果生命缺少了共振的節奏，我們便無法跟自己以及世界和諧共處。聲音擁有淨化及調頻的能力，協調我們內在或與環境的不和諧頻率。「咒語」（Mantra）就是遠古文明常採用的聲音療癒工具，患者不需要了解它的意義或象徵性，但同樣能接收到聲音的影響，因為咒聲的頻率節奏主要作用在潛意識層面，繼而影響身體的內在節奏。

眉心輪／三眼輪

三眼輪位於額頭雙眉中央的位置，比眼睛稍高一點，又被稱為人類的第三眼，是肉體內最高層次的脈輪。如果說眼睛是大腦的視覺認知器官，那第三眼就是心靈的洞視覺知工具。我們的認知主要來自視覺訊息，而第三眼超越了物質世界，帶給我們的是直覺與內在洞見，就像閱讀到文字背後的寓意或思想一樣，讓我們對事物有更深切的領悟。

三眼輪主要掌管直覺和視像化的能力，當我們擁有敏銳的直覺時，不用經過太多思考，很快就能出現明確的想法、感覺、或信念。這是人類重要的心智能力，讓我們可以快速做出判斷，並採取行動。直覺思維常跟右腦或潛意識連結在一起，具有迅捷性、直接性、及本能性的特質。如果我們一直強調左腦的邏輯和分析，就會壓抑了這靈性的智慧。

三眼輪的意識層次是洞視能力，讓我們可以更清晰地看見事物的真實本質。由於我們從小就被灌以種種的偏見與錯誤觀念，總是帶著有色眼鏡看世界，以致無法看清真正的因果與人事物關係。同樣地，我們也會把過去的經歷投射在目前的處境上，仿佛自己仍活在舊有的經驗裏。由於跳脫不了這些受制的認知模式，我們便會繼續重復的舊有模式，一直輪迴在相同性質的事情裡。

我們每一個人來到世間，都是要親身體驗如何處理某些特殊的情境，一旦學會了這些人生課題，潛意識就不再需要創造出相同的模式。三眼輪的洞見能讓人改變觀看世界的方式，以更大的格局與深度看事情，找出我們的人生課題。透過心靈的覺知與學習，調和我們的選擇與投生世間的理由，終止無意識的輪迴。

另外，三眼輪也是靈感與創意的基礎，因洞見常常和創意相伴而生。洞見可以催生創意，特別是增加視覺化的能力和效率。第三眼提供了一個內在銀幕，還有龐大的意象資料庫，容許我們表達和確認自己的夢想以及想像。這 是開拓想像力的秘密花園，而想像力比知識更為重要，讓我們發掘及創造未知。

當三眼輪活躍時，我們的意識覺知會變得敏銳，能信任直覺、追隨洞見，並連結到宇宙無條件的愛。我們會加強第六感與靈通的能力，打開跟宇宙溝通的渠道，獲得宇宙的能量訊息。三眼輪能量不和諧時，我們會變得執著、貪婪、不誠實、不聯結我們的感覺與直覺。但如過度開放，或會導致精神衰弱、睡不著、思緒不集中。嚴重的，更會陷入自己的幻想裡，與現實世界脫離，演變成精神分裂症。

在生理層面上，三眼輪主管的器官包括腦下垂體、松果體、及眼睛，相關的生理毛病包括眼盲、頭痛、惡夢，眼部疲勞，視覺模糊。三眼輪的相關生命元素是光，光是大自然世界中最根本的能量來源。

在能量層面上，光的振動頻率是最高的，運行速度也是所有已知物質現象中速度最快的一種，如果我們能以光速旅行，便能超越時間的流速，讓時間也停止下來。所以，這個脈輪能超越時間對生命的限制，對重生復修有著重要作用。

在療癒層面上，三眼輪的潛藏力量是念力，就是藉由洞見意念所引發出的力量。念力有如電波一樣，由心靈發送出來，跟太陽輪的意志力有所不同，是屬於更高層的精神力量。念力超越了身體層面，能跟宇宙連結，把心想的事顯化並創造到現實世界，是一種基於信念就能成真的超常能力。除念力以外，三眼輪的也能讓我們發展出遙視、預視、及靈視等超感官知覺，突破肉體及物理世界的常規限制。

頂輪

頂輪位於頭頂中央，近百會穴的位置，它並非存於真實的肉體裡，是從肉體轉化到靈體的體外空間。頂輪又被稱為靈魂的基地，是連接宇宙的門戶，在此我們可以超越個體自我，跟萬物合而為一，在萬物之中看見自己，也在自己之中看見萬物，體驗到合一的神聖意識。

頂輪主要掌管智慧、靈感、及靈性，但我們不需要依賴任何外在知識，也能獲得智慧，因一切的智慧皆是本性俱足的，我們只需回到靈性的本心，就能直接與生命的源頭聯結。靈性的開啓讓我們接收到宇宙的啓示與激勵，並且致力於發展自己的人生使命。

頂輪讓我們能從過去的經驗中建立信念系統，並尋找存在的意義。信念植根於潛意識裡，影響我們如何接受並解讀外在訊息，並掌控我們對外所作出的行為反應，信念系統最後會形成我們的意識型態。

頂輪的智慧能超越自我設定的限制，讓我們可以突破父母的教育、社會與文化的制約、和地緣的限制。我們並借著寬恕他人和自己來釋放過去，借由自己的創傷經驗而成長學習，我們可以放下傷害與未解決的情緒，不再對惡性循環的模式付出能量。

當頂輪活躍時，我們會感到和世界合一的感覺，能獲得一切智慧與幸福感，明白真理、慈悲、無條件的愛與寬恕。當頂輪不活躍時，我們將難以察覺精神世界的存在，思考變得混亂，執著于過去或未來，對死亡產生恐懼。

在意識層面上，頂輪是人類意識的源頭所在，並負責統合身體不同層面的意識與覺知。頂輪的意識能整合臣服與自由意志的二元對立性，整合創造和毀滅、黑暗和光明的力量。我們能活在當下，明白真理存在於謊言，快樂存在於痛苦，自由存在於束縛，彼此之間都是一體兩面，相生相剋。

在生理上，頂輪對應的人體器官是大腦及神經中樞，特別是前額葉及松果體。前額葉是幸福及靈性所在，負責邏輯、理性、幸福、靈性，是大腦向所有觀念及思想開放的部分。松果體則負責維持生理時鐘及或生理節奏，如作息和飲食週期等。

大腦包含了大約一百三十億個互相連結的神經細胞，彼此間能夠完成的連結多過宇宙的星星。大腦作為意識的工具，事實上是沒有限制的，而我們身體內有一億個感覺接收器，神經系統內側有十兆個突觸，使得心對於內在環境的敏感度十萬倍高於外在環境。

在療癒層面上，頂輪的相關生命元素是思想，更加遠離物質世界，也脫離了時空的限制。思想具有影響物質的巨大力量，是振動頻率最高的非物質，亦是念力的能量來源。只要透過水的結晶分子，我們就可以觀看到思想如何改變物質的形態。除個人力量外，頂輪本質上是一個接收器，能連接宇宙的能量，並輸入流過身體的中脈，平衡調和其餘六個脈輪，然後再迴向到宇宙。

第十七章　月禪自癒氣功

中醫氣功

古代中醫認為「氣」是維持生命的基本物質，不但代表生命功能的活動，也是人體臟腑傳出的生命訊息，只要真氣充沛旺盛，身體臟腑功能就能旺盛。鍛鍊真氣不但能強身健體，更可治癒一切傷病。

氣功的修練重點在於呼吸的功法與意識的提升，以意念引導氣的運行，以達至經絡疏通，氣血流通。意念可以引導呼吸，透過腹式呼吸結合以靜為主的身體節律動作，把氣徐徐送到丹田位置，所謂的氣聚丹田。這是以內在意念為主導，精神意識與身體動作合而為一。

雖然氣功的種類繁多，但修練內容上大可分為「調身」、「調息」和「調心」三個部份。

調身是指對身體的內外活動作出良性調節規範，主要可分為動功和靜功。動功是指通過特定的身體動作，再配合意識去引導體內的肌肉、臟器、血脈、與生物能量，強調肢體操作與意氣的相結合。而靜功是指身體不動，只靠意識及呼吸的自我控制來進行引導引。

調息即是調整呼吸的氣息，又稱作吐納，其中吐解釋為呼氣、釋放、同化；納則指吸氣、吸收、內斂。氣功中的調息不僅是調整自身的呼吸氣息，更重要的是透過呼吸，跟宇宙自然溝通共融，令生物磁場跟宇宙磁場頻率達至同步。

調心是氣功的核心重點，以調整意念為主。意念活動包括集中注意力，定向意識，排除雜念與情緒的幹擾，是一種類似冥想和禪坐的訓練。通過意念冥想進入高層的精神意識，融入感受這種天人合一的境界，開啟及鍛煉自己的靈性，這是強化和調整精神力量的有效方式。

月禪自癒氣功

*可參考附錄「聲音導航」Q R code鍾灼輝博士與趙安安博士的示範

「宇宙間的一切事物皆是氣的運行與變化的結果。如果想要修練氣，你可以從氣功著手。」智慧老人提示說。

「就是透過調身、調息和調心三個步驟，逐步把自己帶進氣功態，以達至身心靈合一，從而進入宇宙自然的集體潛意識。」我明白智慧老人的意思。

「如果你能打開靈性意識的大門，便可以把宇宙間的氣引導進入身體丹田，以宇宙能量改變受損器官及細胞的氣場，藉以進行身體上的復修療癒，又或是陰陽五行的調和互補。」智慧老人說。

「其實氣功態跟催眠狀態十分相似，都是人體生理及生化過程的最佳狀態，不但中樞神經得到積極性休息，更能為機體提供強大生命能量作療癒修復。」我說。

「月禪自癒氣功正好揉合了催眠、冥想、氣功、與太極，就好比一把能開啟宇宙龐大氣場的鑰匙。」智慧老人說。

月禪調身

我選了一處能看見花草樹木的寧靜地方進行月禪。修練前，我先換上寬鬆舒適的衣物，以減低身體束縛的感覺，並讓皮膚多和空氣接觸。接著，我脱下鞋襪，赤腳站在大地上，盡量跟大自然貼近。

「盡量避免在太飽或太餓的狀態下進行，身體太累或太亢奮也不適宜，最好是在身心放鬆的狀態下練習。」智慧老人提醒說。

修練的時間並沒有特別規定，可隨個人生活習慣於早、午或晚間進行。修練一般以三十分鐘為基本，因血氣流經身體所有經絡及氣脈需約半小時。

動態調身

「首先以太極的螺旋運動作為動態的調身方法。」

「調身運動講求放鬆、剛柔並濟，著重全身肌肉和關節都得到全面性的活動與伸展。動作都是弧形交互螺旋的運動方式，運用螺旋原理來幫助身體柔軟放鬆，以及得到全面性伸展。透過動靜結合、渾然一體的動作，身體無一不動，而動中無不處處講求平衡協調，以達至天人合一的和諧境界。」

太極是一種結合意識、呼吸、動作成一體的運動，它融合道家的陰陽相生原理，利用呼吸吐納讓氣從經絡上運走。太極強調練意、練氣、調息、養心，與氣功的理念是一致的，整個神態與形體都融入自然界之中，進入天人合一的精神境界。太極與氣功有著密切的關係，所以修練氣功時，再以太極運動調身會收到事半功倍的效果。

太極的動作以輕柔為主，以圓為觀念，動作重心上分為虛實，重心腳為實，另一腳為虛，並以腰為軸心，虛實間兩腳相互交替。透過運用虛實、開合、屈伸、進退、起落，變化出均衡，相對循環不息的圓弧動作。通過動靜的圓弧循環運動，把體內之氣調動、聚集、充實起來。由於伸筋拔骨而使內氣通於經絡，筋肉離骨而使內氣充於肌膚，骨節開張而使內氣斂於骨髓。

「月禪調身以太極中的螺旋運動為基礎，衍生出旋轉、延伸、開闔、絞轉、壓縮、共振等動作，做到全方位的伸展與放鬆。螺旋運動是阻抗力最小、運動效益最大的自然運動方式。地球上大多數的動植物生長都是採用螺旋模式，大自然空氣或水的流動也都是以螺旋形態呈現。在宇宙的不同層次中，都可發現這種螺旋規律，如銀河系星雲的漩渦運動，行星圍繞太陽的旋轉運動，原子中電子環繞質子的運動等，都是螺旋的衍生運動模式。」智慧老人解釋。

「調身過程中，講求動作的深度而不是強度，當拉伸到最徹底的時候，短暫維持姿勢並盡量放鬆呼吸，使得肌肉與粘黏筋膜得到最大放鬆。在身心放鬆的狀態下，把意識融入體內，達至動靜合一、心神合一、神氣合一。

透過調身運動，我們可調整身體結構，按摩肌肉、血管、神經、淋巴，改善肌肉耐力，提高關節柔軟度，加強身心氣脈流暢。調身的其中一個重點是脊椎骨的重新調整，從脖子第一關節到尾椎骨，全條脊椎上下每一節皆得到伸展復位。另一重點是藉運動疏通全身氣脈，打開身體的氣結，當中脈及其他氣脈穴道得到打通，血氣及能量便能有效輸送到體內的五臟六腑，讓免疫及療癒系統發揮最大效能。」

靜態調身

「月禪靜態調身以站樁為主。」

「開始時，必須把身體站姿調教好，令全身氣脈暢通，跟天地相連。先把雙腳平行站立，雙腳距離與肩同寬。雙膝關節放鬆，含胸拔背，下頷微收。雙臂自然下垂，左右手掌於小腹丹田位置前交疊，掌心向天，姆指指尖相觸成一小圓環。口目輕閉，雙眼內視，耳聽呼吸，關鍵在於舒適自然。身體重心沉穩往下。

現在，想像身體內有三條直行線及一個圓環，這些是能量流通的主要路徑。第一道是中氣脈，由頭頂的百會穴及雙腿間的會陰穴垂貫連成一直線。頭頂往上，下巴放鬆輕微內含，整個脊椎背柱挺直豎立，像被一根繩子往上牽引著一樣。第二、三道為左、右氣脈，由肩膀的肩井穴及腳底的湧泉穴排列成一直線，共形成左中右三條直線。」

百會穴是督脈的重要穴位，為身體百脈之會合處，亦為百病所主。湧泉穴是腎經的重要穴位，又名長壽穴，意思是水如泉湧一樣。肩井穴是膽經的重要穴位，

「井」指的是地面的孔隙，意指水流入注滿的地方。湧泉穴與地相連，氣從大地由湧泉進入身體；肩井穴則與天相應，水從上天經過肩井承載注入。冥想中的修禪者好像站立於天地中，以三道氣脈貫連天地，天地人融為一體。

「至於身體內的圓環路徑，其實是指任督二脈的循環相連。為使任督二脈相連，你須將舌頭輕抵上顎，形成一道橋樑連接二脈，讓氣行走。」

任脈以雙腿間的會陰穴為起點，沿身體正前方往上到嘴唇下的承漿穴為終點；督脈則由會陰穴往後沿著脊椎走上，到達頭頂百會穴後再往下穿過眉心，至口腔上顎的齦交穴為止。在中醫理論裡，任督二脈屬於奇經八脈，有謂任督二脈通，則八脈通；八脈通，則百脈也通。任脈主血，督脈主氣，若任督二脈相通，氣血便能在體內循環流動不息，從而改善體質，恢復元氣。

「接著是提氣向上，如太極的提手起勢，以身帶氣。雙手平衡肩膀後，沉肘按掌，氣聚丹田，重心隨氣往下移到腰盤，雙膝自然微曲，但注意膝蓋不過腳尖。」

月禪調息

「月禪調息著重意念與呼吸，講求的是氣的運用，透過意念引導氣在身體裡運行全身。當呼吸頻率跟大自然的節奏同步協調時，彼此之間的氣場隔閡便會消除，能量便得以貫通連接。」

站姿起勢後，先放鬆身體，平靜心情。專注於腹部臍下的丹田位置，人的真氣源於丹田，丹田對調整呼吸、增進心肺功能、運動橫膈膜、強化內臟蠕動起了至關重要的作用。

「現改以腹式呼吸方式，藉以提高肺活量，加大空氣在體內的流轉。吸氣時小腹隆起放鬆，吐氣時小腹凹陷收縮。專注於一呼一吸時腹部起伏的動作，慢慢習慣這種更徹底、更完全的腹式呼吸。把呼吸盡量放慢，讓呼吸盡量深沉。徹底地深深吸氣，一直將新鮮的氧氣吸進小腹的丹田，感到舒適飽滿；然後再徹底地吐氣，把所有空氣從身上吐出，感覺放鬆自在。」

我透過腹式呼吸，盡量把呼吸節奏調至柔、勻、細、長、自然平和。我透過意念引導氣在身體裡運行，每次呼氣時，把氣徐徐送到丹田，聚放丹田。我把呼吸的意識守於丹田，開始感受到一股熱流下沉丹田，讓丹田逐漸溫暖起來。

「現在放鬆身體，從頭到腳逐一解除對身體的控制，讓身體放鬆，如海綿般輕盈自在，恢復原來的彈性。隨著每一次呼吸，身體逐漸放鬆。呼吸，頭部放鬆，五官放鬆，腦袋放鬆，整個頭部都鬆開來了。呼吸，身軀放鬆，頸部、胸部、腹部、背部放鬆，五臟六腑跟著放鬆，整個軀體都放鬆軟化。呼吸，四肢放鬆，肩頸、雙臂、雙手放鬆；大腿、膝蓋、小腿、腳掌放鬆，四肢都徹底放鬆。再呼吸，全身每一根毛髮，每一道毛孔，每一個細胞都完全放鬆，如棉花般輕柔輕鬆。」

「放鬆後，認真的感受身體每一處，以不批評的超然態度，重新探索認識身體的每一處。全然地接受身體每一個感覺，坦然地接納身體的完美與不完美。逐一檢視骨骼肌肉積存的疲累、五臟六腑隱藏的不適虛耗、各器官部位的焦慮不安。以呼吸進行感應，傾聽身體的訴求，感受到身體的需要與想要傳達的訊息。身體是你的朋友，是你最能信賴的伙伴。」

「這次吸氣時，想像新鮮的氧氣帶來正面的能量，隨氣帶進身體裡任何一處緊張疼痛的地方。呼氣時，想像空氣將壓力與不適帶走，把負能量排出身體。透過呼吸將正能量帶到身體所有不適的地方，讓每個部位得到放鬆、軟化與溫暖，並把所有負面情緒、負能量吐出體外。

從頭部開始，感受眼睛、耳朵、嘴巴、鼻子，哪裡有不適的感覺、緊張的情緒；感受大腦、小腦、腦幹，那裡有焦慮與疼痛。純然地接受每一個部位，擁抱每一個感覺。透過呼吸送進正能量，並解除所有的負面情緒與負能量，整個頭部得到舒展，感到自在。

繼續呼吸，注意力轉到頸部，感受頸部肌肉與頸椎哪裡還有壓力與不適，吸氣讓正能量緩緩流進，呼氣讓負能量流走，整個頸部得到舒展，感到自在。

繼續呼吸，注意力轉向背部，沿著每一節脊柱下行到尾骨，若有感受到任何不適和舒適，就完全地接受與擁抱。再將你的注意力轉向胸部和腹部，以超然的感覺感應哪裡還有緊張、疲倦或負面的情緒。透過呼吸，送進正能量，排走所有的負面情緒與負能量，整個身軀得到舒展，感到自在。

繼續呼吸，注意力轉向雙肩、雙手與雙腳，感受哪裡還有壓力與痛楚，以不批判、不責備的態度，接受任何的不安與不滿。吸氣讓正能量緩緩流進，呼氣讓負能量流走，帶走所有的不適。四肢得到舒展，感到自在。」

透過呼吸，我好像進行了一趟身體的旅行，探訪了身體每個部位，跟每個細胞逐一打招呼問好。我重新認識、關心與聆聽自己的身體，把呼吸跟身體緊密相連。

「最後，放鬆思想，放下過去的回憶，放下未來的擔憂，感受每一次的呼吸，讓思想回到每一秒的當下。再次放鬆內心，內心自由而空曠，在一呼一吸間得到了平靜。將注意力轉到內心，感受哪裡還有憤怒與鬱悶的情緒，接受這些可能出現的負面情緒，藉著呼吸將它們送走。以超然平和的意識注意呼吸，將心中產生的一切負面情緒、討厭的想法，隨著呼吸一同吐出。」

我內心感到寧靜和諧，就像一片沒有漣漪的湖泊。我像重新尋回一顆清明的平常心，以心運氣，以氣運身，意識、身體、與呼吸合而為一，身心靈再次和諧整合。

月禪調心

大樹冥想

當身心靈再次合一時，我們便可透過冥想意象化身成大自然的一草一木，一沙一石，融入大自然的能量頻率。要跟大自然融為一體，首先必須化身成自然，與大自然一同呼吸、一同心跳，順應自然。透過調節自身的能量頻率，從而達到跟宇宙自然和諧合一。

「現在想像自己身處一片綠色的森林中，深深感受大自然的環境與氣息。看看四周的景色，抬頭可看到蔚藍的天空，如棉花般柔軟的白雲在天上飄著，慢慢流動，流水淙淙連綿不絕，小溪輕淌過岩石。聽聽四處的聲音，微風輕輕吹過，樹葉沙沙作響，鳥兒鳴聲和唱。清風輕拂在你的臉龐，你感到無比清涼舒服，溫暖的陽光滲透你每一吋的皮膚。你深深地吸一口氣，聞到遠處傳來春天的花香，雨後青草的味道。森林裡陽光普照，風和日麗，泥土肥沃，處處充滿生機。

天地萬物皆是相輔相承，相生相息。山作骨幹，水化血脈，天地為一。山以水依靠，吐納百川，氣壯而山明。水隨山流動，滋養群嶽，情柔而水秀。雲裡有雨水、有河流、有被水滋養的萬物，風中有空氣、有陽光、有溫暖。天地承載大自然萬物，宇宙包容天地自然。大自然的生命元素地、水、火、風、空，循環流轉，生生不息。此一瞬間，同邀天上日月，山澗清風，與宇宙自然融合為一，同呼同吸，跟天地萬物同流。」

「現在透過冥想意象，把自己化身成大自然的一份子，幻化成一棵粗壯茂盛的大樹。大樹的生命力強盛，不怕風吹雨打，能忍受嚴寒及酷熱等惡劣天氣，是順應自然而生的長壽生物。那些上百年的參天大樹，沉隱的聳立於大地之上，讓人有上連天下連地的感覺。大樹茂盛的枝葉吸風飲露，盡收日月精華，製造出氧氣與食物。壯闊的樹根深入泥土，攝取大地中蘊藏的礦物與水份，提供生長所需的營養。粗壯的樹幹則好比連接的管道，將上天下地所接收的養分與能量輸送，支撐大樹健康成長。天地的能量在大樹中循環流動，賦予大樹生生不息的生命力量。」

一瞬間，我變成了森林中的一棵大樹，一棵長得既高且壯的百年大樹。我的身軀成了樹幹，雙腿與大地相連，腳掌腳跟處更長出樹根。腳底的樹根深入大地肥沃的泥土，不斷往下向四面八方伸展鑽探，形成一個闊廣的樹根網絡，牢固的抓緊大地。樹根發揮強大的吸收功能，努力吸取土壤中蘊藏的營養、水份與礦物。源源不絕的大地精華經過樹根，流進腳底的湧泉穴，大地的能量如泉水般湧進，流經雙腿輸送到身體各處，最後匯集在丹田，形成一個能量球。慢慢感受大地陰性能量的流進，感覺丹田充滿大地的精神能量……

大樹的樹幹一直向天延伸，樹頂長出參天茂密的枝葉，翠綠的寬葉覆蓋著大片天空，彷如一個龐大的接受網絡。頭頂的枝葉向四方八面伸延張開，接受天空宇宙取之不盡的能量，日月星辰送來溫暖的亮光，清風送來新鮮的氧氣，雲霧送來滋養的雨水。天空宇宙的精華吸進大樹的枝葉，注入頭頂的百會穴，流經身體各處，最後匯集在丹田，形成一個能量球。慢慢感受天空陽性能量的流進，感覺丹田充滿天空的精神能量……

「天地宇宙無私地把能量分給你，自然生態裡的一草一木、飛禽走獸也慷慨地把能量跟你共享，你感恩地接受這些珍貴的能量，一點一滴的匯聚儲存在丹田裡。你感覺到兩股一陰一陽的元氣能量在體內平和流動，最後和諧的融合在丹田裡，形成一個陰陽平衡的能量球，溫暖的在丹田旋動，併發出無窮的生命能量。」

月禪昇華

人的身體跟大自然生態以相同原理運作，體內生命元素的循環轉合，形成了整個人體機能。只要能把體內的五大元素：地、水、火、風、空，調和提昇，將身體從固態轉化到液態，再氣化昇華，最後化成純能量的光束，便可以到達靈性的光態，借助宇宙自然的能量為身體進行療癒復修。

「想像你丹田裡的能量球開始壯大，能量球不斷提昇變大，逐漸超越了你身體的邊界，把你整個人包裹在能量球裡。你像回到大地母親的子宮，整個身體浸淫在溫暖的能量泉水裡，如同過去在母親的子宮裡被溫暖滋潤的羊水包圍著。」

我感到了無比的安詳、寧靜、被保護與被接受，這是宇宙自然無條件的愛，化成這能量光海把我重重包圍。在這能量光海裡沒有生與死，只有生命生生不息的循環，蘊藏著生命起源的智慧。

「想像你的身體如海綿般放鬆，所有的壓力鬆開釋放，每個部位回復到自然的狀態，輕柔自在。海綿般的身體不斷吸收光海的能量，溫暖的能量經由皮膚的每個毛孔滲入，將你的身體從頭到腳慢慢溶化，變成清晰透明的水分。能量流經體內每個細胞深處，水分的身體跟能量光海融合，逐漸由水分蒸發成空氣，變成充滿生命力的能量氣體。

源源不絕的能量繼續注入身體，你已經氣化的身體逐漸發出光明，從每個細胞深處發出亮光，每個細胞都變得晶瑩金黃，釋放出金黃的亮光。你整個軀體發出閃耀的光芒，充滿了生命能量。亮光在你體內無限擴大，不斷延伸，身體的疆界逐漸模糊，慢慢消失。

發光的身體已經跟外在的能量光海完全融合，你已經變成了一個能量光球，就如天上的明月一樣。月亮光球繼續膨脹壯大，一瞬間亮光充滿了整個空間，充滿了整個宇宙自然。你已經再看不見自己的身體，你跟宇宙自然完全融而唯一，到達天地的心臟，變成了生命起源的光明。」

我把宇宙的光明的能量引導到右腳踝的骨骼，我感到天空正下起太陽雨，溫暖潤澤的能量正滋養著我的骨骼大地，令骨骼再次變得生機蓬勃……

收功歸息

「最後是收功歸息，這就如催眠的導出與運動的緩和運動一樣，是不可缺少的重要步驟。收功歸息有助於理順氣脈，調和身體的氣場能量。」

「先將雙掌來回搓熱，形成一股強大溫暖的氣場，以雙掌進行乾洗臉的按摩動作，增加臉部的血液循環及新陳代謝。

先從下巴往上到髮際，再從兩側的太陽穴往下到下巴。以拇指與食指從上而下搓按耳背耳垂，直到耳垂發燙為止。耳垂上有很多跟內臟有所關聯的穴道，藉以改善內臟功能。用手指梳頭，從前額及太陽穴到後腦，再以手輕拍頭顱，打通頭部的經絡及穴道。

以適當力度拍打雙手，從肩膀到手腕，前後內外四面。輕拍胸部、腹部、背部與腰側，從脊柱頂端下到尾骨。再拍打雙腳，從大腿到腳踝腳背，同是前後內外四面。拍打軀體與四肢以打開經絡及穴道，改善氣的循環流動。最後搓熱雙掌按摩腰背腎臟的位置，感覺手掌溫暖的能量向腎臟蔓延進去。」

後記

一位心理學家的自癒實錄

經過持續修練日輪能量療法與月禪自癒氣功，我終於突破了最後的治療瓶頸，我的右腳踝關節得到了徹底的滋養重生，奇蹟復元。

我回復到看似是和原來一樣，卻其實煥然新生的身體，也回到原來的自由生活。在意外發生後的一年，我已經可以正常行走，第二年，我開始可以暢泳、爬山、旅遊，並回到了香港大學繼續我的心理學博士課程。第三年我重回海洋的懷抱，當上了潛水教練，再次潛進美麗的深海世界。第四年我成功登上了雪山，從陡峭的雪山峰頂俯衝滑落下來。之後的第五、第六年，我不但到處旅遊，還參加了射擊比賽、拉丁舞，我活得比意外發生之前，更加自由豐盛。

意外的十周年，我克服了自己對失去奇蹟的害怕，再次以自己雙腳踏上跑道，並完成了一場在澳洲黃金海岸的馬拉松賽跑。人生並沒有許多個十年，有些事現在不敢做，也許一輩子都不會做了。但我不是在跟命運較勁，也沒有視別人或從前的自己為競爭對手，我只希望走在相信生命的路上，為以後的自己帶來勇氣。

雖然時至今日，我的右腳踝骨骼還是被現代醫學診斷為「缺血性壞死枯竭」，檢查結果也顯示不到任何血液的流經，但血氣正以其他神祕的管道輸進骨骼裡，讓骨骼可以繼續奇蹟般健康生長。

一路走來，我發現了治療的重大秘密，其實每個人才是自己唯一且最好的醫生，一切的療癒都是源於自我療癒。我希望這些寶貴的方法，能給每一位目前需要奇蹟的人最及時的身心靈救援，並謹以我的實例獻給所有相信奇蹟的傷病者，希望在療癒的路上攜手扶持。

治療個案參考——「小二」的自癒奇蹟

以下是一個真實的自癒故事，講述一位二十四歲的女生小二如何走出她的生命幽谷，扭轉了多年來的悲劇命運。經過九十一天的治療，她不僅治癒了多年的難纏惡疾，更學懂與不完美的身體共處並行，找到屬於自己的人生新路向。

我保留了當時替小二治療的過程紀錄，當中大部份資料更是由小二親自撰寫筆錄。雖然她沒有瀕死經歷，對催眠一竅不通，對心理學也一無所知，但卻能藉著自己的信念與毅力，獲得了自癒重生。我希望大家相信，奇蹟不只屬於少數幸運兒，而是公平地分配給每顆生命，只要我們願意相信生命、相信自己，我們便可以成為自己最好的醫生，擁有創造奇蹟的權利。

如果我的生命故事影響了小二，為她帶來了治療的希望，那我相信她的生命故事，同樣能照亮更多絕望的傷病患者。

二〇一二年十一月十一日　黃昏，香港潛醫識中心小二由母親陪同來到香港，到達治療室時已經是黃昏時分。小二給我的第一印象，是個一臉稚氣、個子高高，但身體出奇纖瘦的女生。她擁有一雙大眼睛，只是眼神卻帶點空洞迷惘，缺乏應有的視線焦點。她的臉色異常蒼白，而且呼吸短淺，她的生命氣息十分薄弱，像隨時會倒下一樣。

經過短暫交談後，我發現小二的性格十分掘強，甚至有點偏激固執，是個不容易向任何事情妥協的女生。她曾接受過各種中西或另類療法，但所有治療同告失敗，她的腸道功能已幾近完全失效。只是她仍堅持相信，身體最終是可以治癒的。雖然我不知道她的相信是從何而來，但這份相信卻是奇蹟自癒的重要條件。

由於治療時間只有三天，我對小二採取先治心理、後治身體的方法，她必須先走出心理陰霾，找到疾病的心因與意義，並築起身體自癒所需的念力金字塔。

心理療癒篇

疾病的輪迴

我們的治療在見面當晚隨即開始。我把瀕死經驗中的人生回顧技巧應用在她的心理診斷上，跟她一起回顧她的人生與生病經過。我希望與她一起編繪她的生命藍圖，發掘她人生的輪迴重複與疾病意義。

我特別要求她寫下一篇自己眼中的患病歷程，希望透過文字描繪，讓她更容易察看到問題的根源所在，並學習為自己診斷分析，做自己的心理治療師。

小二總結了自己的患病經過，她寫道：

「我從小的性格是比較靦腆的，特別聽父母的話，在學校應該一直都是傳統意義上的聽話好學生。但也許正因為太在乎老師的評價，太在乎分數、名次，太想當個老師眼中的好孩子，嚮往自由的天性一直被重重地壓抑著。

到了初中，叛逆爆發得更厲害，從初中一下半學期開始變得不太聽話了。剛開始是大冷天也不肯多穿衣服，父母買的晚飯餓著賭氣不吃。話也少了，口頭禪是『不知道』、『隨便』。時間長了，胃就有點出毛病了，時常脹氣。後來不知什麼原因好像就有減肥傾向，也吃過減肥藥，到最後就開始厭食了。情緒方面也開始不穩定，喜怒無常，更得了憂鬱症。

憂鬱症嚴重時，好幾次服安眠藥，由於當時送院我沒承認自己服藥，醫生沒有洗胃治療，幾次服藥後都高燒，後來就變成心肌炎，腸胃功能也徹底紊亂了。初中二休學就是因為心肌炎，初中三只進行了半學期，因為當時考試壓力大，自己一味害怕面對壓力，總是逃避，也曾想割腕，最終只是留下刀痕沒敢下手。當時厭食症也把我折磨得夠嗆，總是暴飲暴食後催吐，腸胃始終不好，腹脹便秘，後來就開始慢慢脫肛了。

腸胃由於之前七 八年的折騰，狀況每況越下，脫肛越來越嚴重，排便越來越困難，每天的生活其實挺煎熬的。因為每次排便時間很長，即使住得離學校只要十分鐘路程，我還是必須每天很早起去做很多運動。加上每次排便腸子都會掉出來，我必須自行塞回去，所以總是有腸黏液流出，特別痛。總之，日常生活品質挺差的，我沒有一天是能坐著完成作業的，不是站著就是趴著或靠各種稀奇古怪的姿勢努力減輕痛苦。

有一次去醫院檢查，醫生懷疑我有腸息肉，要我去做腸鏡。醫生腸鏡剛探進去，連一旁的護士都驚訝我的毅力。腸內擴張明顯，腸冗長，腸壁無力，肛門口一圈息肉，她們都很驚訝，不明白我每天是怎麼熬過的。二〇〇九年開刀切除百分之八十的大腸，後遺症是一進食就會有便意，但腸子又無力，所以剛開始的大半年我不得不穿成人尿褲。

到二〇一二年二月時，已發展到幾乎喝水都要吐了。我身高一六七公分，只有三十五公斤，可說真的是絕望了。終於有一天，無意中發現北京武警總醫院有做微創的腸粘連松解術。因為腸粘連（腸管與腸管、腹膜、腹腔內臟器間的不正常粘附），如果再次剖腹開刀，會一次比一次粘。所以三月份我又做了第二次手術，現在術後半年多了。回來反復過，上週又有點粘連，肚子疼痛不堪。醫生也無奈，表示沒有任何根治方法，只能靠藥物及進食流質食物，減輕腸胃壓力，實在不行就只能插胃管了。」

生命藍圖

第二天晚上，我特別把心理治療環節改到一所酒店的頂層餐廳裡。

「我希望帶你觀看香港的美麗海港與夜景。在這裡，我們將以一個不一樣的高度與角度觀看世界。」我這樣對小二說。

餐廳的設計是三面環海，全用上落地玻璃幕牆，可二百七十度環視整個維多利亞海港。我希望帶給她一個物理視覺上的強烈對比，讓她換以一個高度及寬度看事物。我們一面喝咖啡紅茶，一面輕鬆地談論我的傷病故事，我把自己的經歷作為一面鏡子，不斷反照出她的人生藍圖。過程中，我偶爾給她一些問題做引導與暗示，讓她反思。

其實整個會面是經過精心安排，可以說是一場另類的催眠治療。首先餐廳的環境寧靜、氣氛悠閒，令她的身心得到極度的放鬆，有別於在治療室時的繃緊狀態。

美麗的海港夜景能有效吸引她的注意力，讓她易於跌進催眠時的出神狀態。在催眠技巧上，頂樓的高度、環迴的視野其實也是一種另類暗示，我利用環境的特質當做暗示訊息，提示她要以一個新的高度及寬度看自己人生。

生命藍圖回顧的重點，在於她不斷重複的人生際遇，以及疾病的心因性因素。只是，我沒有立刻給她任何結論或答案，我選擇以自己的傷病故事作談話背景，以故事形式傳達我的訊息，間接地反照出她的盲點。由於每個人都只能透過自己的眼睛解讀世界，所以沒有別人比她更有能力，更能讀懂她的內心世界與需要。這種自我發掘與反省，才是真正的覺醒。

這一切安排就像在潛意識裡播放種子一樣，種子訊息會慢慢發酵發芽，提示她需要知道的東西。但會否醒悟過來最終取決於她自己，當她的內心準備好後，自然能解讀到這些訊息。她不是從來沒有聽過，只是內心太多雜音、太多偏執妄念，沒聽清楚、沒聽懂而已。

第三天晚上，我把心理治療環節改到附近的維多利亞公園。我首先帶她穿越極繁忙的銅鑼灣鬧市，然後來到公園的憩靜處慢行散步，目的就是讓她感受世界的矛盾兩極及人內心的迷惘衝突。

我並沒有跟她說什麼治療相關的事情，反而談了許多大自然的有趣故事，並讓她安靜地感受城市中的大自然氣息。在我的康復過程裡，大自然世界占了極重要的角色，它像是我最好的老師，教懂我生命的智慧與節奏流向。

這場看似巧合的公園會面，其實也是一場預設的暗示安排，因為她所需要知道的一切答案，都呈現在她眼前的這片大自然世界裡。有時候，由病者直接用心感受大自然訊息，比起由醫者直接用話語告知，來得更深入徹底。每個人也有第六感應異能，只是一直沒有好好開啟利用。

奇妙的事情在第三天的深夜發生了。

小二那天晚上並沒有好好安睡，許多念頭想法突然在她的睡夢中閃現，像是潛意識給她的人生啟示。醒來時，她嚇了一大跳，並趕緊把這些啟示訊息寫下。

她對自己過去二十多年的人生有了一次全境式的反省回顧，看見了腸胃頑疾的心因性原因，不僅解讀了疾病的隱藏意義，還看到自己的性格如何影響著命運。她對自己的人生得到了深度的覺醒。

在清晨六點，小二特意回到維多利亞公園，帶著寬慰輕鬆的心情在公園裡獨自散步。她安靜地與公園中的花草樹木、清風白雲和諧相處，像跟自己的內心與大自然進行深層對話，想要在離開前向大自然宇宙道出她的感謝。她的心情變得豁然開朗，感到終於可離開這疾病的輪迴，走出久經困頓的人生。她真誠地相信，原來她才是自己最大的敵人，但同時也是自己唯一的救贖。

小二總結自己的心路歷程，當夜寫下了訊息：

「我是個完美主義者，總是喜歡走極端。我有一個頑固的腦袋，所以我的身體也變得如此頑固。我的腦袋被嚴重堵塞了，這直接引發了一個非常致命的後果：我的胃、小腸、大腸也都嚴重堵塞了。事實上，它們就是在向我的大腦抱怨、抗議，選擇以這樣的方式吸引我的注意力。它們用不同的語言不斷暗示我，我卻完全無法理解。我的身體有如此強大的意願想和我的大腦與心靈溝通，我卻一再忽略它們的渴求。

它們不斷試圖提醒我轉變自己固執的思維模式。我需要的是像颶風一樣的巨變。只有以這種方式我才能意識到自己的優點和缺點。只有以這種方式我才能遺忘並改變自己奇特、頑固、不健康的人生觀和世界觀，還有長久以來對待自己的態度與方式。只有當我失去，我才真正懂得如何珍惜自己擁有的一切。只有當我經歷很多，擁有很多之後，我才漸漸明白什麼才是真正對我最重要的東西。事實上，我在你面前是如此透明，你早就看透我身上存在的問題。我們好像是在很隨意地聊天，其實你一直都在暗示我，你只是想幫助我讓我自己找到自身的問題。

我應該學著好好愛自己，我很期待看到一個完全不同的自己。我會很耐心。我會循序漸進，慢慢改變，學著如何平衡自己。我知道未來自己還會遇到很多困難，但我不會放棄。就像你提醒過我，在慢慢康復的路上，我們的身體可能會很調皮狡猾，它們會向我們抱怨。我會牢記：它們只是在考驗我，它們只是想要確認我是否有充足的信心、決心和耐心。現在我需要的就是尋回自己內在最強大的行動力，做自己最好的醫生。只有我才能幫助自己，也只有我才能拯救自己。」

最後，小二選擇重新面對與接受不完美的身體，把所有的精神力量再次集中在腸道修復上。她不再害怕、抗爭或是逃避，明白自己不一定能完全康復，也不可能返回原來的身體功能。

她不再討厭折騰她多年的身體，並請求身體的原諒。她希望跟身體一起努力，並將腸道潛藏的剩餘功能發揮至極限。我清楚地向她說明生命的限制與潛能，並著她帶著真實的希望，豁然面對一切未知的可能。

身體自癒篇

夢境念力療法

身體治療方面，我替小二進行了夢境念力療法。我先以生命元素催眠導入法，引領她進入潛意識底層，把她送到自己的腸道，讓她幻化成自己的醫生。當她成功進入自己的腸道後，我通過各種夢境意象作暗示，令她化身成擁有不同能力的角色，在腸道裡為自己進行最直接的修復治療。

我讓她化身成污渠的清道夫，辛勤清理腸道堆積的廢物淤塞，徹底洗擦腸道的每個角落；讓她變成環境保護大使，把新鮮的空氣與溫暖的陽光引進管道腸壁；也讓她轉化成技術超卓的按摩師，幫忙鬆解舒展腸道的每一吋肌肉。

在潛意識世界裡，豐富的想像意念可說是治療的無限資源，但所用的暗示材料必須切合病者的需要及喜好。如果能進一步了解患者的感官靈敏度，並加以配合相關的外在官能刺激，治療暗示的效果將更顯著。在治療過程中，我就曾應用她所熟悉及喜歡的材料做暗示工具，包括使用富療癒性的白花香氣、具放鬆作用的草本汁液、能回復彈性的蜂膠補充劑，又或是能刺激新陳代謝的溫暖泉水等。

經過數次的夢境念力治療後，小二開始體會到治療的要訣，她嘗試更真實、更投入的為自己的身體付出。她感受到腸道系統產生了微妙的變化，僵化繃緊的腸道得到軟化鬆弛，腸壁的壓力與脹氣大為舒解。

之後，我把自我催眠的基本技巧教授給小二，並為她量身調配了腸臟功能的夢境暗示藍本。她的康復將是一個漫長過程，所以她必須取回治療的責任與主導權，並學會為自己作夢境治療。回去後，她便可以每天繼續練習，並為治療需要作適度調整。

另外，我也替小二進行月禪自癒氣功治療。我教導她以禪修方法調整身心頻率，跟大自然融合。當成功進入大自然潛意識後，再透過呼吸與冥想，引導大自然能量到腸道進行復修療癒。

做自己最好的醫生

回到上海後，小二馬上為自己編定系統性的治療時間表，每天中午先練習月禪氣功，黃昏進行夢境念力催眠。我跟她保持定期聯繫，主要為她提供治療方法的技術性指導，及適時的心理支援。

從一開始，我已清楚對小二表示，她必須完全負責治療的統籌與執行，因應身體的需要，編寫合適的夢境內容，並調整治療的節奏速度。另外，她須要詳盡記錄及監察任何的身心改變。雖然她並沒有心理或醫學的專業知識，但她卻成功把醫病者的身分結合。在這個世界上，沒有人比她更了解、更關心她的身體狀況，只有她才能找到最切合自己身心需要。

在潛意識治療裡，一切就只能根據個人的身體特質與喜好，量身打造出最合適的心念暗示。以下是過程中我曾給小二的一些治療建議：

「……整體程序可行，但療癒心念的暗示需加強。可嘗試於清醒時，先在腦海中多加模擬想像，如戲劇的排練一樣。在進入腸道後，嘗試輕撫腸道每一個細胞，想像以醫生的聽筒，細心聆聽檢查，腸壁那裡有不適或積存的壓力。

……加強對身體的感恩，相信自己的身體、自己的腸道，感謝它們一直以來的忠誠服務。可多利用你的身體五官，配合想像力做治療手段，例如使用柔軟的毛巾、溫暖的泉水、雙手的按摩觸感、充滿療癒的柔和燈光等。

簡化並集中每次治療的預期目標，嘗試以多重的心念意象傳達同一訊息，如讓腸道變得暢順通暢，食物可輕易流過，腸壁回復彈性、活力等……」

二〇一二年十一月二十四日，經過十天的不斷調較及嘗試，小二終於編寫出一套屬於自己的療癒暗示，並成功把念力轉化成身體的復修力量，打開了自癒異能的大門。

以下是她親自記錄的潛意識治療經過，文中的「二二」是她的潛意識醫生稱呼。

「隨著光亮，我看到了一扇大門，我輕輕推開來到了自己的潛意識治療室，原來那裡已經有好幾個「我」正微笑著等著我。她們穿著不同的衣服，身邊有些不同的小工具。於是我為她們照明，她們整裝待發，排著隊跟著我進入我的體內。驚喜地發現，原來自己體內的環境並沒有自己想像的那麼糟糕。只是好久沒有悉心照料，需要大掃除，陳舊的管道修要修補牢固，生銹的地方需要更多潤滑劑。以後每天都要勤勞地打掃，維護好體內的平衡，這樣體內就會環境優美，充滿生氣。

明確了目標，小分隊開始行動了。首先清潔員二二開始工作了。她為小型蓄水筒接上橡皮軟管，打開龍頭，溫暖的水汩汩流出，順著口腔緩緩往下流，一路經過食道，胃，小腸，最後抵達大腸。溫暖的水把附著在管道上的雜質都一一沖刷乾淨，二二便順著一路用小軟刷把這些雜質都裝進小筒裡。清理完畢，整個管道乾淨多了。

另一個維護保養員二二精神抖擻地檢，她認真地把保護液塗刷在每條管道上，另外在受損的地方塗上修復液，讓器官壁更光滑有彈性。隨後我看到另一個穿著運動服的二二，負責指導無力的器官壁，讓它們學會通過自主科學規律地適量運動，恢復肌肉力量，重新恢復活力，主動地、更好地運作……

現在我開始開心享用營養師做的食物，每一口都吃得很香。不會再擔心食物殘渣堵塞腸道，體內所有的器官，管道都光滑有彈性，食物很快經過食道到達胃部，很快被充分研磨進入小腸，營養被很好的吸收，剩餘的殘渣也順利通過大腸排出體外。感覺現在整個人精力充沛，一身輕盈。」

治療第八天

經過幾天的潛醫識念力治療，她的腸道系統出現了明顯改善，平常綳緊固執的腸道變得輕鬆自在，脹氣疼痛情況亦大大舒緩減少。雖然她明白消化系統不可能回復到原來的程度，但她接受與不完美的腸道同行，接受遇然出現的不適，不再害怕或視痛楚為最大敵人。所以，她選擇停止服食多年的藥物，不再害怕正常社交，嘗試適應外出的尷尬與不便，且試著再次融入正常的生活。

治療第十五天

她已掌握催眠夢境與月禪技巧，可以不用依賴錄音，靠自己完成整套療程。隨著她對治療程序的熟練增加，過程中的投入程度也顯著提升。

治療第三十一天

她的身體出現了奇妙的變化，內分泌及荷爾蒙系統得到重新的調和平衡。之前，她曾多次出現停經問題，最長一次更達數年之久，而上一次的月經已經是十六個月前的事。但今天，她的月經突然恢復了，而且在治療的後期也一直維持穩定。

治療第四十七天

她的消化系統已得到大大的改善及強化，已經可以進食更多容易消化的流質食物。今天她更首度跟父母一起外出用餐，成功克服了在外用餐的恐懼及如廁不便的心魔。

治療的第三十九天

小二的身心得到了莫大改善，並已具備單獨遠行的能力及信心。她當下作出一個讓我吃驚的決定，竟獨自來港參加我的新書發表會。在會場上，我看見她徹底地改變了，不但氣色好多了，就連說話與表現也回復了自信。

五感夢境念力療法

在了解過小二的身體與治療情況後，我替她進行了另一次為期三天的密集式潛意識治療。在治療時，我特意加入了身體的五感刺激，藉以加強夢境意象的暗示作用，例如七彩亮光、沉香香氣、頌鉢聲音、冷敷熱敷等。經過三天的治療與訓練，她掌握了五感夢境的新治療技巧。回去後，她依據治療時的錄音藍本，再次為自己準備下一階段的潛意識治療。

觸感夢境

「我把溫暖的泉水送進腸子，讓溫暖的泉水滋潤腸子每一個細胞，每一個部分。腸子感覺到泉水的溫暖，非常的舒服，整個腸子的細胞，腸子的腸壁恢覆到原來的彈性。腸子的肌肉得到了完完全全的休息，恢覆了原來的活力。這溫暖的泉水充滿了療愈的礦物，當它流過我們腸子的時候，這些療癒的礦物都能吸收進腸子裏。泡在溫暖的泉水，腸子再一次恢覆了原來的彈性，每一個細胞都得到了完全的治療、療愈，每一個細胞都得到了泉水的滋養，恢復到原來的功能。」

（進行時把暖水包置於小腹之上）

嗅感夢境

「我為腸子送來特殊的療癒香氣，氣味充滿了療癒的能量，它是療癒的精華，是大自然裡最好最純然的氣味。療癒的氣味就像含有豐富營養的食物一樣，被我的身體吸收，進到我的腸子。感覺一下，現在有一個食物慢慢從嘴巴進到我的食道，然後進入胃，再進到的腸子，食物在我的腸子裡慢慢移動往前。然後腸子把食物一直往前推，非常流暢地往前推，往腸子的底部慢慢移動。我感覺到腸子非常暢順，一點阻塞的感覺都沒有。我可以輕鬆地和腸子合作，可以輕易地把不需要的食物排出身體。我可以輕易控制腸子，什麼時候上洗手間都沒有困難。因為我的腸子已經恢復原來的能力，原來健康的狀態。」

（進行時燃點著天然的沉香作引線）

視感夢境

「然後，我拿著一個療愈的燈從腸子的頭部開始照向每一個部分，爲腸子進行光的療愈。我可以感受到光，不同顏色的光就像彩虹一樣爲我們的腸子送來療愈的能量。腸子在光底下得到了無限的溫暖，從頭開始把腸子每一個部分都徹底照射一遍。我一邊走著一邊拿著發光的療癒燈泡，把光送給腸子，我慢慢地走著，把每一個細胞都用彩虹般的光來照耀，這光送給我們腸子無限的溫暖，療癒了腸子每一個部分，把所有的不安、恐懼、擔憂、不舒服都消除了。腸子所有的壓力都消失了，整個腸子一節一節一節地鬆開了。我一直拿著療癒的光走遍腸子每一個角落，澆遍腸子每一個細胞，每一個部分。我要爲腸子重新送來療癒的能量，這彩虹的燈光讓腸子重新恢複彈性，整個腸子重新得到療癒，腸子的肌肉再次得到活力，得到力量，整個腸子像發光一樣。」

（進行時以柔和彩燈照射身體）

聽感夢境

「通過音樂的療癒頻率，我一邊聽著療癒的聲音，一邊讓腸子從頭到底按摩一遍。療癒的聲波在腸子裏面環回地響起來，我用雙手輕輕按摩腸子，每一個細胞、每一個部位。隨著療癒的聲波，我好像和腸子一起在跳舞，做運動一樣，我能看到整個腸子的通道都打開了，食物都能輕易地流過。我可以隨時隨地有節制地吃各種喜歡的食物，腸子都能配合我的生活，每次吃完食物以後，它都能有效地把食物消化，把食物的營養、水份慢慢吸收。然後讓食物輕易地流過腸子，把不要的食物積攢起來。」

（進行時播放療癒的頌鉢音樂）

康復自癒

治療第五十二天

小二已經可以進食簡單的固體食物，胃腸功能持續地改善。

「二〇一三年一月一日新年，上海特別溫暖，在家中的大陽臺上做月禪冥想氣功，整個人從頭到腳溫暖極了，尤其是感受到腸胃好像吸收了好多能量，動力也增強了。這天之後，吃東西感覺消化更好，也慢慢恢復更正常的飲食了。」

治療第五十七天

小二把潛醫識夢境治療應用在她的認知思維上，處理她一些過去積存已久的傷痛記憶，藉以進一步清洗她的內在設定。

「二〇一三年一月六日開始，夢境治療時運用第一次在香港所學的五感認知法，不僅讓溫暖的泉水、彩虹燈光等進入腸子做療癒，還進入大腦記憶庫中，進入心裡，幫助自己消除最後殘存的固有思維，找到心中還放不下的那些傷害和回憶，放下過去。」

治療第六十二天

經商討及評估後，我把小二的治療頻率減半，單數天進行潛意識念力治療，雙數天進行月禪自癒氣功。她開始更積極地安排日常活動，學習治療與生活並行。

「二〇一三年一月十一，距離第一次來港治療正好三個月，又逢爸爸生日，全家在一間飯店吃下午茶慶祝。」

治療第九十一天

「二〇一三年二月九日，除夕夜和所有家人一起吃年夜飯，之前幾年都只是一個人悶在家裡。」

「治療的頻率繼續減少，冥想還是會每天練習，因為自己很喜歡這種養身的方式，夢境治療則是有需要才做，藉此補充能量，調節身體狀況。」

經過九十一天的治療，小二完成了整個潛意識自癒療程並到達康復階段。雖然她的腸道只剩下正常的百分之二十，但她僅餘的腸道功能得到充份發揮，整個消化系統也重新統合協調起來，互相幫助，彌補了喪失的腸臟功能。她能再一次享受跟家人一起吃飯的樂趣，再一次享受食物的美味，再一次外出旅行與學習。她的身體不再是她的負擔，而是她的好夥伴。

小二總結自己的自癒復元經歷：

「二〇一二年十一月十一日，站在香港的土地上，像是我的重生日。就是這天開始治療，也就此開始了一趟最奇幻的自救與成長之旅，同時也開啟了一次最遙遠最美妙的、找尋自我的旅程。太感謝在我漆黑的生命上空，你照射進來的陽光，讓我感受到溫暖，再次尋回力量努力睜開雙眼，勇敢掙扎地爬起來，看清腳下回家的路。

一路上學著不再依賴，學著獨立，學著長大，學著自己陪伴自己，學著照顧好自己。路並不好走，真心感激你一路的引領，不時為我點亮的路燈，很慶幸自己勇敢地堅持到了最後，感恩自己選擇了相信，選擇再給自己一次機會，選擇用心付出，真誠守候。很欣慰，我終於到達了彼岸，心終於重新回家了。

二〇一二年十一月十一日到二〇一三年二月九日，整整九十一天，身心從絕望的深淵重回溫暖的家，我見證著自己的變化與進步，見證著自己的康復與成長，見證著自己創造的奇蹟，見證著轉念之後全新的視野裡出現的美好世界。短短三個月人生經歷如此重大洗牌，又驚又喜怎能不感慨！

十多年一直迷迷糊糊地活在夢裏，很多次好像醒了，卻又再度陷入夢魘，不斷輪回。這一次真是夢醒了。二十五年後，重新和一個個曾經的自己相遇，沒有抱怨，不再留戀，有的是滿溢的感動與感恩。回憶不再是因為放不下，而是想送上滿滿的溫暖的祝福給一個個曾經的自己。

真的好感激你，感謝你抛向大海的那支裝有希望的求救瓶，感恩自己能撿到它，打開它，感謝你傳遞的『相信』能漂流到我手中，感謝你分享的生命奇蹟，深深感動於你以巨大的勇氣及痛苦的真實經歷所換取的治療經驗，感恩自己這個『奇蹟』絕緣體，因為相信，也創造了屬於自己的生命奇蹟。」

躲在病人背後的支持者

一星期後，我收到了小二媽媽寄來的信。

鍾醫師，你好！

我是小二媽媽。祝賀你的新書終於上市了，拿到新書的時候，我們全家是非常感慨的。你在書中提到，永遠不知道這個裝了書稿的瓶子會漂流到何方，在何時、何地被何人撿到，而小二就是撿到這個漂流瓶的人，同時尋回了希望，小二的世界從此變得不一樣了。

女兒對我說：『拿到簡體中文版重讀時，感覺鼻子是酸酸的，鍾醫師是我生命中最重要的人之一，他挽救了我的生命，改變了我的人生，是我的恩人、良師和益友。』

從二〇一二年十一月十一日我們的首次香港之行，到二〇一三年四月，僅僅五個多月，女兒無論是從心態還是身體都有了驚人的變化，她的瑜伽老師、中醫都為她的變化感到驕傲，都把她的恢復作為一個重要案例存檔，其實我們自己知道什麼才是她康復的根本原因。女兒的巨大變化，由此也給我們全家的生活帶來了巨變，我們有較多的時間做自己想做的事情，全家經常外出吃飯、看電影，其樂融融，生活不再以醫院為軸心，變得豐富多彩。

在你的引領下，由此也堅定了女兒選擇自己真正想從事的職業，目前已決定從現在的大學商科退學，今年在鞏固療癒的同時，經常去聽各種講座，看了許多書，還安排了不少培訓課程，包括瑪雅曆法、理療瑜伽、催眠、心理諮詢方面等等，生活變得充實、忙碌和有意義。

作為母親，尊重她的任何選擇，只要她依循自己的心，過好每一天即可。將來所從事的工作，即能幫助自己也能幫助他人，這是一件美好的事情。

總之，千言萬語也表達不了我們全家的感激之情，如果你來上海，一定聯絡我們，我們全家期待與你見面，好好做一次東道主。

小二媽媽上

結案感言——以生命影響生命

小二成功從絕望的病患中走出來，並得到了康復重生，她靠的是一份相信，對生命、對自己的相信。她的勇氣與信念是創造這次奇蹟的重要條件。當真心相信，勇敢追尋，全世界也會合起來幫助追尋的人。而我，不過是其中一個聽到她呼喚的人，一個跟她分享了我自己生命故事的路人。

康復後，小二重新思考她的人生路向，並訂立了新的人生目標。她毅然放棄了原來修讀的商管專業，改以進修心理諮商課程。她發現自己對心理治療有濃厚興趣，並希望透過自己的患病與康復經歷，幫助更多有需要的病人重新找到希望。我相信小二必定能成為一位出色的心理治療師，以她的生命影響更多的生命。

在小二媽媽的信中，我除了讀到家人的喜悅外，還深深感受到家人對病者的默默支持與無限關愛。當一個人生病時，身邊的家人朋友也同樣受著不同程度的痛苦煎熬，那份愛莫能助的心情，和病者同樣無奈難過。所以，生病絕不只是一個人的事情。

我希望把這書送給躲在病人背後的家人及每位支持者，特別是我的媽媽，小二的媽媽，及所有病者的媽媽。她們的無私付出與默默守護，才是支持病者創造奇蹟的特效心藥。

謹此向所有病者的媽媽致謝！

附錄　聲音導航

生命元素催眠導入法

啟動潛意識自癒力量

利用生命力量的催眠導入法，其暗示的技巧主要透過冥想，把整個身體解構為不同元素的起承轉合，元素和元素間環環相扣，生生不息。把體內的五大元素：地、水、火、風、空等放鬆調和；把身體從固態，到液態，再氣化昇華，最後則化成能量的光束，以到達深度的潛意識治療狀態。

國語版
https://youtu.be/bM_3d0wiqyQ

粵語版
https://youtu.be/WL6dzxIJRBg

月禪自癒氣功

借用大自然療癒能量

月禪自癒氣功是潛意識自癒療法的重要部分，著重中醫及氣功中氣的運用，以心行氣，以氣運身。首先藉著冥想進入大自然意象，把整個療癒環境從個人身體遷移到大自然裡，再透過呼吸及心念注入，將大自然的能量引導轉化，以進行身體上的復修和療癒，又或是陰陽五行的調和互補。

粵語版
https://youtu.be/JT_iCvAdsGA

國語版
https://youtu.be/1BBoWHPHNyo

LOCUS

LOCUS

LOCUS

LOCUS